Metafísica del pensamiento

———————

Autor: Cristóbal Blas Egea.

El silencio responde al espacio que se deja penetrar. En el bosque hay algo más que la vereda amarilla que recorre el prado hasta el lago encantado, donde descansa la mente y penetra en otras dimensiones para estar cerca de lo divino, a través de lo humano. El cosmos es la gran verdad en la que vivimos todos los elementos de la vida. Del él ha salido todo en un proceso como un paseo pleno de luz y de sentido. Las márgenes de este camino, que recorre lo infinito con sus dos márgenes, que completan todos los deseos y todas las vivencias posibles, que se pueda imaginar: Está todo. Y la vida lo está recorriendo. Las puertas se abren con el sentimiento, con el corazón, con el conocimiento. Depende de cual sea la estrategia así se inicia el juego, que lleva desde lo de abajo hacia a lo de arriba.

El romanticismo, una corriente de pensamientos que como el imán, porque nos eleva hacia la anhelada libertad, surgió como un meteoro y penetró en las mentes donde la penumbra fue desalojada por el brío y la entrega, desdeñando el peligro a sucumbir en el intento. El romanticismo bajó desde los palacios a las chozas más humildes del hombre. El amor se envolvió en él como un lujo imprescindible. El ser humano se miró al espejo y se convirtió en el héroe de la vida, con el permiso de él mismo, sin esperar el nombramiento de nadie. Era una creencia que se avalaba por sí misma. Su sello era un beso en los labios y caminar con todo el ser vibrante hacia adelante, dejando al esclavo, que hasta entonces iba enganchado en el hombre: Había nacido la libertad, la personalidad individual. El mundo vibro por sus almas ardientes y la sonrisa estalló en los corazones con una sed de vida inigualable. Iban orgullosos ellos y ellas al sacrificio , sin importarles el riesgo. Habían saboreado la vida y ya nada los detendría. Era por el siglo diecinueve. Había nacido el hombre libre.

Rosas y rosas pintadas, tulipanes pintados. La mirada desde el lienzo reflejada incita. Está citado con Alejandría y fuma despacio goma. Se levanta y penetra en Cleopatra por la codicia de unas pocas piedras. Se cuelga la flor en el ojal, y delante del caballete espera el rostro de Rafael de Urbino.

Cuando la lógica es perfecta por sí sola, establece una vedad entre los asistentes que verdaderamente caen extasiados por su agudeza y su razonamiento. El método lingüístico pero no ético separa la realidad fehaciente del sistema cohesionado por acertijos y acoplamientos de frases que llevan, la una a la otra, a un campo florido de metáforas, muchas veces, apartadas de la verdad del hecho. Ver las cosas desde un planteamiento posible no es hacerlas posibles. No está de más plantear una situación para después ponerla en práctica pero, en la práctica, surgen cosas que son imprescindibles para la realización del proyecto. De ahí que tengamos que reestructurar el método escrito después de haber realizado la cosa en sí. El ajuste de las palabras a la situación real es desde todos los puntos de vista muy difícil de conseguir. Porque la realidad del hecho es antes de la definición del hecho mismo.

----------corrigiendo.

El sentimiento en el ser espiritual. El sentimiento es algo que asoma en el ser, algo que está ahí desde antes de que el ser llegara a tener conciencia plenamente. Estos sentimientos están arraigados en lo más profundo, quizás en las partículas más simples de las que forman al ser humano No hay que olvidar de que somos un compuesto de partículas vivientes, de células que pueden desarrollar por ellas mismas la vida dentro del organismo. Entonces podemos deducir que sentimientos ancestrales se han ido acumulando en la genética que forma al individuo y los residuos que van quedando a través del tiempo en la supervivencia afloran cuando algún elemento es puesto en marcha por un acontecimiento específico. Esto no quiere decir que el sentimiento sea bueno o malo, positivo o negativo. Yo diría que cuando estos sentimientos afloren hay que pasarlos por el tamiz y realizar un estudio asertivo para acoplarlo a nuestro ser en el momento en que vivimos. Conocimientos, aprendizajes, brotes de personalidad frustrada permanecen en el sustrato del ser humano desde los albores d su existencias. Otros están allí porque la evolución los ha hecho prescindible y permanecen inactivos hasta que desaparecen por completo o se recuperan por alguna circunstancia especial.

Los espejismos que sienten las personas, los enamoramientos inmediatos etc. causan en las personas una serie de problemas porque la seducción solo es seducción pero no guarda ninguna realidad con la vida actual del sujeto. Sobre todo ocurre mucho en personas que tienen demasiadas cosas sin realizar en la mente, que viven en un mundo ilusorio y no tienen el presente resuelto. Cuando una persona vive al día hace un estudio realista de la situación y después opta por aceptar o rechazar, por ejemplo, una posible pareja. Lo que dicen con euforia del flechazo en una flecha envenenada casi en todos los casos. Y lo que pudo ser una aventura resulta una vida deshecha para los dos que participan y para sus hijos y demás familia. Va contra de toda opinión, dicen, se ha enamorado. Es algo que normalmente sale mal. Si supiésemos las causas del enamoramiento a primera vista nos sorprenderíamos. Puede ser atracción física, puede ser una venganza programada en el inconsciente que cobra vida de pronto... pueden ser infinidad de cosas que si no se hace un estudio antes de decidir, tanto en el amor como en los negocios se corre un profundo riesgo.

Alegoría. -El auditor, se supone, que debe saber el término real y el término comparado. Objeto de referencia. El bardo de Strafford. Teatro El Globo. Narciso se arrojó al agua y se ahogó. Ibis e hipopótamos asados. Otelo, de Giuseppe Verdi. Libreto de Boito. Scarpia: Puccini. Tosca. La sustancia: El ser en lo que se determina y limita la necesidad del ser. El ser propio de una realidad cualquiera. Se parte de lo que es bien para el individuo, a fin de que se consiga el bien universal. Trastorno bipolar: prozac. Pérdida de atención, falta de ánimo, miedo a relacionarse. La fluoxetina. Reacciones adversas, oca seca, pérdida de peso, ansiedad, nerviosismo e insomnio. Arte Mayéutica: Investigación en común. Cada uno se haya vinculado a los demás. La búsqueda de sí mismo es una relación fundada en la virtud y en la justicia. En la búsqueda de sí mismo el sujeto puede poner sobre tema lo que quiera, porque en el sí mismo general existe todo. Lo mejor es saber qué es lo que uno pretende y por ese registro realizar el conocimiento necesario para encontrarse. Quiere decir, que para la cuestión el sí mismo te daría una realidad que es realidad dentro de tu propio yo. Y de esa realidad que te da el estudio hay que utilizar lo que mejor venga para lo que estemos viviendo. Porque la virtud y la justicia son elementos de una programación general y pueden emanar de diferentes fuentes, tantos de facinerosos que ostenten el poder en ese momento como de pazguatos embobados con una religión. Quien no pone al día el bien y el mal se convierte en un trasto inservible que consume calorías. La ignorancia es base de toda culpa y de todo vicio. Eso es verdad en el mundo en el que vivimos. El conocimiento es algo móvil, se actualiza, y para conocer hay que estar alerta cada momento. Quienes adquieran conocimiento y se duerman en los laureles se convierten en ignorantes con doble culpa. Es esfuerzo que hay que realizar para iniciar el conocimiento se realiza en una fracción de segundo. La luz se hace diáfana y ya no se vive en la oscuridad. El que vive estancado en unas creencias ancestrales es un ser rencoroso y de poco fiar. Es un reduccionista nato, y emplea la fuerza para mantener su estado. Lo más creíble es que estos sujetos sean cobardes para enfrentarse con la vida que transita. Dicen estos que es mejor lo malo conocido que lo bueno por conocer. De ahí su cerrazón. Están anclados en el miedo y se convierten en lastre para una sociedad ágil y evolucionada. El placer mayor es escoger el placer que no causará luego dolor: Esto es una verdad a medias, porque ese luego debería ser eterno para que fuese cierto, pero si ese luego fuera a corto plazo habría que coger a veces el dolor para arreglar algo que después sería desastroso si no se hace ese sacrificio. La vida no es ni un placer ni un dolor. Es algo que hay que vivir con responsabilidad de presente y de futuro.

No hay dudas de que si hemos llegado a este momento ha sido a través de unos acontecimientos. La vida se ha ido formando a través del tiempo con unas connotaciones específicas. La vida ha surgido porque la búsqueda de la misma se ha producido después de unas circunstancias que han llegado a producirse. No sabemos cuántas veces se han realizados reuniones de casualidades o acontecimientos, lo que sí sabemos qué es lo que se iba buscando. Lo que existía se buscaba sí mismo para conocerse, verse oírse y estudiarse. Cuando se crea la vida es en el mismo momento que se tiene conocimiento de la misma. Cuando se tiene conocimiento de ser. Lo anterior. O sea las cosas que ocurrieron antes se pueden estudiar estudiando la creación misma, pero no sabemos hasta donde llegaremos en el intento. Porque el hombre, representante del conocimiento de la misma creación tiene gran interés en conocer su principio, de donde procede en esta creación. De lo que deducimos que la misma creación no conoce su principio, y de lo que se puede reconocer el principio no es de la forma en que lo pensamos. Puede que en la parte que nos toca de conocimiento no está la posibilidad de que se conozca el principio, de que la cosa es tan inmensa que esa información no llegaría nunca a entender porque el entendimiento no abarca ese exacto conocimiento. Puede que la cosa es más grande de lo que podemos imaginar. Nuestra mente o razonamiento solo llegará a poder estar desarrollando un trabajo en una bastedad tan enorme que su existencia sea realizar su trabajo para la comunidad... Puede que las evoluciones posteriores de los seres humanos no puedan conocer su pasado en sus infinitas evoluciones, como ahora no sabemos cuándo y cómo se inició la vida, y me refiero la existencia para que se creara el primer átomo. Porque en la nada no se puede criar nada. Podríamos entender de dónde venimos pero no entenderíamos jamás el principio de toda existencia. Podríamos entender, como entendemos la evolución pero nunca cómo se inició el principio.

La posibilidad de adquirir conocimiento conlleva a despegarnos de otros conocimientos anteriores por innecesarios. Y estamos hablando de eternidades. Para mantener en un estado de conocimiento se debe perder todo lo anterior por innecesario. En la eternidad de las cosas no se entiende guardar todo lo que se descubre, porque no habría posibilidad que guardarlo o de que sirviera de algo, porque en ciertos procesos de tiempo las cosas innecesarias no se guardan porque en la evolución están implícitas en el cuerpo de la vida.

Y regresar al pasado mediante el estudio del conocimiento archivado no llevaría al pasado y desconoceríamos el ahora que se borraría porque todas las cosas, pasado y futuro no pueden existir porque además de ser innecesario no entenderíamos ni el motivo ni la forma racional de los hechos. Las épocas no son como nosotros las nombramos, las épocas cuando llegan todo es nuevo, parten de un principio que no es el principio. El principio es una inmensidad infinita de principios. Quizás la vida vaya buscando a través de su estudio una manera de vida que no ha encontrado todavía. A medida que la historia de la existencia trabaja y vive la calidad de vida se hace mejor para el ser humano. Quiere decir, mejor para lo que sentimos y vivimos. El conocimiento implica el dolor. La busca sería buscar un conocimiento sin dolor. Una vida en la que podríamos dar un sentido a lo que vivimos y alejarnos de la tragedia de la muerte, del dolor etc.

La escapada de la tragedia de la existencia la podremos encontrar cuando se abran los ojos de los homo sapiens y en vez de perder tanto tiempo en cuestiones innecesarias y pueriles iniciemos el camino de una vida por encima de las circunstancias que no nos conocen y no saben de nuestros sufrimientos. La creación al parecer desea saber y para ello crea a u conejito de indias y lo mete en el laboratorio... Es por lo que deberíamos luchar por ser verdaderamente quienes manejan la creación y realizar a partir de ahí nuestra vida. La vida en sí quizás no nos conoce de la manera que nosotros nos conocemos a nosotros mismos.

Todo lo que tengamos en el futuro será todo lo que hagamos, porque somos los únicos que sabemos de nosotros. Existen dimensiones distintas y vidas distintas que cada una se tendrá que arreglar con lo que necesite ara sus propia existencia. Y que esas vidas que existen se puedan llegar a conocer es algo que no se sabe y además quizás no se pueda realizar o que no sea necesario. El hombre tiene un defecto enorme en ponerse en el centro de la creación. Lo primero que debería hacer el hombre es empezar a tener una calidad d vida y recorrer el camino que ya conocemos en principio. El futuro vendrá por su paso, pero si ahora no hacemos los deberes nos quedaremos en un círculo especulativo sin sentido. La unidad del ser humano y la empresa en común, y la importancia de cada ser humano debería ser ya una realidad. Es necesario que se acabe la miseria que estamos todavía guardando porque de lo contrario no entraremos en la existencia superior. Todos los seres humanos forman el conjunto necesario para la consecución de la existencia. La creación ha repartido entre todos los humanos la totalidad del conocimiento que debemos entender, y en cada uno de ellos es imprescindible para que se produzca la vida. Hasta que no entendamos esta verdad tan fácil de entender estaremos casi inmovilizados, con algo terrible que nos alerta en el cerebro de que no lo estamos haciendo bien. La realidad dl ser humano es tener sus necesidades cubiertas y después colaborar en la gran aventura de la creación.

Vida entre el monismo y el pluralismo. Entre los átomos hay un espacio vacío. Existe un número infinito de átomos y de clase de átomos. Cuanto mayor es lo invisible en el átomo. Demócrito: Que no había no arriba ni abajo en el vacío infinito. Explicar a los átomos en vórtice mecánicamente y explicar los átomos por medio de una acción del espíritu. –Nada ocurre por nada, sino todo por una razón y por necesidad. –No explica por qué el mundo originalmente tuvo que haber sido como era. –No se puede asignar una causa al dato inicial. El creador del mundo no puede ser explicado. –Desde los griegos clásicos se dice que el origen del primer origen no puede ser explicado. Ahí reconocen un muro por donde no se filtra sino meras suposiciones. Dicen que desde la creación todo puede ser explicado, pero el principio de la creación misma se puede explicar con un Dios creador, pero que el Dios creador no se puede explicar. Esto no proporciona una información importante y constatamos que los científicos igual que los atomistas emplean la razón y la medida para explicarlo todo y lo que no puede ser explicado los detiene, dada la inmensidad de la tarea. Y es inmensa la tarea, y no nos debe preocupar la existencia de un Dios que nos conduzca y nos lleve por el buen camino, como dicen algunos con un buen sentido aparente. Lo que podemos dejar claro es que estamos aquí, que nuestro entendimiento está formado para lo que está formado y tomar conciencia de que no somos en centro del universo, sino meros partícipes que tienen una tarea que desarrollar, y si queremos, podemos pensar que esa tarea será una más de la que están desarrollando otras creaciones, inclusive distintas, y que después se podrá unificar todas las búsquedas para legar a un conocimiento y a un bienestar mayor - Pero todo esto es imaginable. La idea de Dios en muchos aspectos ha sido una idea especulativa dado la dureza de la existencia, no quiere decir que no sea una idea buena, pues a la existencia había que darle un sentido para no entrar en el horror al vacío. Es por lo que nuestra sociedad hoy en día se preocupa del bienestar de los componentes de la misma como principal objetivo y deja una parte que se dedique a lo espiritual como búsqueda de posible eternidad de las almas, pues las almas parece que no tienen materia. Pero centrándonos en nuestra existencia conocemos ya que todo lo que existe dentro de ella es útil. Hasta la más pequeña cosa es imprescindible para la totalidad de la creación, y que la posibilidad de la creación es que las cosas se hayan formado de lo que contiene la creación misma en donde vivimos. Nada exterior participo en nuestra evolución. Se conoce cómo las cosas han ido evolucionando y se han ido adaptando al medio, esto quiere decir que se toma parte del todo de dónde venimos. Y posiblemente nada es exterior. Y me refiero a todas las galaxias, a todo lo creado. Pero no descartemos que fuera de esta creación que podemos detectar con nuestras posibilidades de detección pueda haber otra u otras creaciones paralelas de las cuales no podemos saber porque no tenemos herramientas que compaginando con nuestros sentidos puedan ver. Pero aun sabiendo esto la prioridad que tenemos que solucionar o evolucionar es la creación que percibimos. Y podemos decir que la evolución es el sentido de nuestras existencias, porque en la evolución están las respuestas que ahora no podemos ni soñar. En la evolución, como dije son necesarias todas las cosas, todos los átomos, hasta los más pequeños. Porque una evolución no se da con una parte y se desecha otra. Eso no sería una evolución perfecta. Las nuevas formas acaecidas en el ser humano vienen de lo primitivo, y lo primitivo está en el nuevo ser humano, con la posibilidad de crearse de nuevo. No se ha perdido nada. Lo que ocurre que la parte actuante es otro perfil de un todo. En estas circunstancias, guardando las esencias, habría en principio que reconocer a los sujetos que pueden aportar verdaderamente a la evolución, y es un error la de la creación de clases especiales, porque todo depende de todo. Y además los sujetos se encuentran felices en su medio, no van a necesitar la invasión d los otros. Este sería el próximo movimiento de los que han desarrollado el conocimiento. Que sepan que ls que no han desarrollado el conocimiento todavía tienen el mismo potencial que ellos y que lo pueden desarrollar, y es muy importante saber que se respeta lo que viene alumbrando o los enfrentamientos serian terribles. Esto se soluciona con la adaptación y no con el cohecho y el engaño. Porque utilizando la especulación malsana con los otros no se llega a mover ficha, se va introduciendo la creación en la entropía, en un campo donde nada se mueva, y de ahí sería imposible salir para intentar otra posibilidad de vida. La vida hay que jugarla y no ahogarla con los miedos y el egoísmo. Los cristianos le llaman a este espacio de donde no se puede regresar a la vida el infierno. Sería muy útil saber de qué manera habría que emplear lo que tenemos conseguido hasta ahora. Y sería muy útil saber que lo que nace en la tierra es algo que nos ayudara a evolucionar en lo nuestro y hay que entender. Los caminos de cerrazón siempre han conducido a las catástrofes, a las guerras entre los pueblos, al asesinato de los semejantes. Todo esto ya nos lo informaban desde los primeros atisbos de conocimiento, porque en verdad la información de toda la creación se ha dicho desde el principio pero se ha interpretado mal por razones especulativas, por eso se ha creado una vacío en la humanidad donde no sabemos dónde vamos ni quienes somos. La información que nos dan los espirituales es que hubo un primer engaño, una tentación, un miedo, una envía, o sea el primer error, que arrastró al hombre por derroteros terribles, y el más terrible de todos es la inmovilidad, el impase, el vacío que se va creando en la creación por apartarse de la tarea verdadera. Nadie conoce lo que hubiera sido haber seguido por el camino correcto, pero sin duda hubiera sido un camino de luz esplendorosa comparado con la oscuridad del mundo en que estamos metidos. Y todavía hay tiempo para retomar la verdad. Porque de lo contrario yo no estaría escribiendo esto, estaríamos todos en la inexistencia. Y diremos: ¿Cómo se regresa a la primera verdad? Pues es sencillo, perdimos e camino por el libre albedrío, o sea decidimos ir por otro camino, esa fue nuestra opción que a la larga se convirtió en tentación. Y lo que hay que saber es que el camino que cogimos en su día es un camino que no conduce nada más que a la inexistencia. Pero antes de desembocar en esa terrible nada podemos, con la misma fuerza del libre albedrío tomar un nuevo atajo y volver al punto de donde nos desviamos. Y todo lo que hemos vivido en este camino donde ahora estamos desaparecerá sin que se tenga el más mínimo recuerdo de él, porque donde estaba antes de tomar este en donde estamos, era mucho más evolucionado, y el ser humano era verdaderamente más inteligente y más feliz. La caída nos llevó a la prehistoria de un ser que debía empezar en un mundo cruel en donde el ser debe morir y morir sin remedio, porque la muerte es una información que recibimos de la vida para decirnos que estamos en el error. Para llegar a retomar en camino que perdimos no es preciso morir, la muerte es la nada, allí todavía no va nadie hasta que sea demasiado tarde y entonces toda esta creación entre en ella en un segundo. Por ahora hay esperanza, por ahora…. No sabemos cuánto nos durará esta opción.

Los atomistas griegos daban a la casualidad un sentido sin sentido. Aunque en realidad algunos atomistas pensaban que todo se produce por alguna razón. Quiere decir que pensaban que la casualidad no está sujeta a ningún régimen de sucesiones de acontecimientos que ocurren. Y eso es una información de que el conocimiento descarta a lo que desconoce, por lo menos en esa época antes de Cristo de los griegos clásicos. Pero la casualidad entra en la cadena de acontecimientos produciendo un efecto, en demasiadas ocasiones, perfecto para el concurso de los acontecimientos científicos. Y es que lo que llamamos casualidad está un poco alejada del campo del conocimiento que se tiene en ese momento. Si se estudiase el cómo y el por qué se dio esa casualidad veríamos que una serie de acontecimientos se estaban produciendo para que se diera la casualidad. Esto quiere decir que la casualidad no es algo volandero que pulula por sus fueros, sino que es algo que está sujeto a la creación y que guarda con rigor su momento para aparecer, lo mismo que acontece con cualquier otro fenómeno, que si no se diera el acontecimiento anterior no se produciría o habría que forzarlo por otros medios. Lo que sí es verdad que a la casualidad no se le ha metido todavía en la ortodoxia del conocimiento científico, y lo más probable sea que la casualidad esté rayando con lo otro y solo se produzca cuando la mente esté fatigada de buscar y no encuentre la solución. Entonces aparece la casualidad que pienso que es una especie de ayuda o colaboración de otra cultura, posiblemente más desarrollada en otros campos. De ahí podemos deducir que las creaciones siempre tienen un punto en común para comunicarse y ayudar en su momento. Si no lo vemos de este punto de vista tendríamos que aceptar el acontecimiento porque sí, o sea un mundo amorfo que contendría todo el conocimiento sin tenerlo programado. Y esto es improbable por la idea que nos hacemos de la inmensidad del cosmos y la improbabilidad de que dos cosas se junten por las vueltas incontroladas que puedan dar estas cosas en la inmensidad. No se puede olvidar que fuera del hombre pueden existir millones de mundos como el que conocemos, y construidos con otras características que nuestros sensores no podrían nunca detectar.

Dan por sentado que el conocimiento empírico depende o deriva de la percepción. Pero otros filósofos, además de Platón que dicen que el único conocimiento verdadero Tiene que ver con los conceptos. Teetetes: Me parece que el que sabe algo percibe las cosas que sabe, y así el conocimiento es solamente percepción. Si el conocimiento se está formando y no se sabe lo que es quiere decir que no sabemos de momento todo el conocimiento. Y si el conocimiento es infinito no lo sabremos nunca. Puede ser que crezca solo con la intención de buscarlo: Pide y se te dará. Estas palabras en boca de participantes de un poder establecido suenan a especulación. Parece como si estas personas supieran todo el conocimiento y dan a entender de que son muy bondadosos y que reparten el tesoro del conocimiento que ellos almacenan... Pero esto solo es una estratagema de los grupos de poder, que conociendo la posibilidad de conseguir conocimiento se hacen con la patente. Pero el germen del conocimiento está en la creación y en el ser humano estará si trabaja para obtenerlo, no le tiene que pedir permiso a ninguna empresa, solo empezar a trabajar y el conocimiento surge. Surge de nosotros, de nuestra relación íntima con la creación. Los grupos de poder quieren acapararlo todo creando inmensas castas e informando d que todo el orden sale de ellos, que son los regidores de todo. Y no está mal la idea con el caos que se puede formar con las desviaciones de los seres humanos, pero nunca creer que sean los verdaderos emanantes de algo que está más allá del ego del individuo. Si se permite que el conocimiento resida en los hombres siempre seremos esclavos de los mismos. Ya conocemos la historia. Eso adormecería la vida y entraríamos en entropía, mucho me temo que definitiva, vida sin vida, vacío. Mantenerse en equilibrio y en contacto con la naturaleza tanto del hombre como con todo los demás es el único sentido de la realidad plena, lo que siempre nos mantendrá en la verdad de la vida. El conocimiento que viene de los sujetos siempre es contrastable, es una parte más del conglomerado de verdades del conocimiento total, pero no una definición única. La definición única del conocimiento, quienes emplean esto como norma de vida son reduccionistas además de manipuladores, porque rechazan las informaciones que los otros fuera de ellos que informan de partes del conocimiento verdadero. A los otros, los del clan, los tachan de primitivos o malévolos, para conseguir mantenerse en sus puestos de generación en generación. Es por lo que debemos decir que el conocimiento es una rima infinita de actualizaciones, actualizaciones que hay que ir cambiando conforme la realidad de la vida las vaya necesitando.

La identidad entre la naturaleza y nosotros, lógica demostración dl panteísmo y del determinismo. Si el conocimiento es la sensación. Entramos en el dualismo sensaciónconocimiento. La sensación nos llega y se pone en marcha una serie almacenamiento de conocimientos que hemos adquirido a través de los acontecimientos que tenemos almacenado por la experiencia anterior. De ahí se produce una reflexión, esto ocurre en segundo término, porque lógicamente la sensación en neutra en un principio y solo reactiva, una vez que ha llegado a nuestro acervo entonces comienza la función de comparaciones que nos conduce a las comparaciones con los efectos similares almacenados y de ahí tomamos la decisión que deberíamos seguir. El almacenamiento de conocimiento, que es la reflexión de los hechos. O sea que la cosa se inicia con el acontecimiento y se remata con la reflexión, con esto almacenamos lo que será una orientación en lo sucesivo. Ya hemos comentado que la actualización de lo que tenemos almacenado es primordial para mantenernos vivos y activos. Por lo tanto, quienes no superen los traumas de tristeza o alegría triunfal están en un impase y serán como cautivos dominados por estos dragones de los cuales están prisioneros. Lo que era malo en un pasado remoto se convierte en bueno en la actualidad y viceversa. Hay sujetos que siempre están buscándole una respuesta a lo que es la vida. Y se la hacen en lo que tienen y nunca encuentran nada, porque no investigan y la respuesta siempre es la misma al no haber nuevos conocimientos. En estos casos la mente se defiende enviándole mensajes como si fuesen venidos de otras galaxias o medios lejanos. Lógicamente el sujeto no entiende y se hunde en un mar subjetivo. No se puede crear un futuro medido por un pasado inactivo en la conciencia, porque lo que se persigue es curar o evolucionar a un personaje inexistente. Los sujetos no son los mismos en el tiempo porque las circunstancias no lo son.

La postura de Parménides: Se dice que hay un vacío, por lo tanto el vacío no es una nada. El vacío puede estar implícito en la creación como espacio no saturado para la circulación de los átomos plenos Quiere decir que el vacío no es un vacío sin nada sino algo que tiene una misión que es la d dejar circulas a los plenos. La idea griega en general y la de muchos filósofos posteriores es que el vacío es algo donde no existe la creación misma. Eso es una estulticia dado que al no existir la creación no existiría el vacío, es por lo que Parménides que el vacío es algo integrado en la creación. Las cosas tienen su contrario o su complemento, son variables y se puede retroceder y avanzar en la globalidad de la existencia. La gran incógnita sería si al desarrollarnos sobrepasaríamos la marca o desbordaríamos o al ampliar construyéramos una creación más extensa. Quiere decir que lo creado es un punto que se puede desarrollar pero que ese punto no lo contiene todo sino esa esencia de donde sale todo con la colaboración el hecho. Quiere decir que si el sujeto no hubiera inventado el teorema, el mismo teorema no existiría nunca. Porque la esencia es como una masa en la que se puede moldear todo, pero es más, esa masa se puede convertir en éter o en luz. Ya sabemos que el vacío existe, ahora podemos averiguar todas las posibilidades del vacío en su relación con lo pleno. Que si el vacío empezó antes o después de la creación imaginativamente primaría habría que saber si hubo un comienzo para afirmar esto. Es como los agujeros gusanos, tendríamos que conocer el medio, su composición, porque si en una manzana el camino más corto es trazar una línea recta desde el exterior pasando por el centro que dándole la vuelta a toda la circunferencia, tendríamos que pensar qué llegaría antes a la meta, la exterior o la interior. Lo que tendríamos que saber es a la velocidad que va el sujeto, de lo contrario no lo sabríamos, y depende de a qué velocidad se puede ir por un sitio u otro, dado que la sustancia es distinta por donde tienen que ir los sujetos. Y la sustancia influye en la posible velocidad en la que recorren los espacios en diferentes medios. Por lo tanto en el vacío el movimiento sería estático, si el vacío existiera solo. Es por lo que se deduce que el vacío es un complemento o carril por donde se mueve lo pleno y por ello no es un vacío absoluto, sino un vacío que no es vacío, sino que tiene en su composición unos elementos por donde se puede transitar. En el vacío absoluto no se puede propagar nada porque nada flotaría ni nada tendría que vencer la fuerza supuestamente existente. Por lo tanto el vacío es algo que todavía no se ha demostrado ni lo que es ni de qué se compone.

Por casualidad la modernidad. Las cosas en general, se aceptan antes de haberlas conocido. Quiere decir que el camino ya está direccionado por la cultura a través del tiempo vivido de las épocas. Ya no somos un individuo que busca su libertad y su felicidad, somos un individuo formado por las influencias culturales y fluviales cósmicas del medio en el que vivimos, y al buscar nuestra felicidad buscamos más un patrón que la única. Todo esto se puede variar con la frase de renovarse o morir. Renovarse es ahondar en los conceptos pre consabidos. Y se puede constatar que lo que se está haciendo en la actualidad ya estaba en nuestro ser, y que el todo se forma con las partes de las partes, y que el todo en sí no es nada sin las partes y viceversa.

Si el alma es individual habría una infinidad de almas Distintas. Si el alma fuera partes integrantes de un todo habría una dirección univoca en la sustancia subliminal. Podemos decir quizás que el alma era antes de la formación del cuerpo. Que el alma era éter u otra sustancia invisible y, que una vez se formó el cuerpo entró en el al alma, esto lo dice la biblia cuando Dios sopla el barro para animarlo. Pero también podemos pensar que cada átomo del cuerpo se fue forjando al mismo tiempo que el alma y que de hecho hasta nuestros días se va ensanchando tanto el cuerpo como el alma. Y que la cultura es un intento de reunir el alma del mundo después de una explosión que sembró de partes de un alma todo el orbe. La reunificación del alma es una labor difícil porque cada átomo de alma deberá tener su espacio y su sentido. Porque el alma es libre y feliz en su existencia y se corre el riego de crear un alma recompuesta especulativa. De ahí que el hombre siempre persigue y ha perseguido crear una fuerza de poder, castas especiales, transfigurando la verdadera alma y creando un corpúsculo especulativo que solo llevará otra vez a la explosión después de un grave sufrimiento. Cuando los filósofos dicen que cuando mueren van a formar parte con los Dioses es otra manera de formar castas especiales. El por qué el ser humano quiere pertenecer a las élites se ha dado porque han visto la miseria, la enfermedad y el hambre de los desprotegidos y no han querido ser uno de ellos. En cierta manera tiene un sentido evolutivo, pero la necesidad de reunir todos los vestigios del alma es necesario que se entienda que todos los componentes son igual de necesarios, lo importante es que vayan cada uno en su sitio que le corresponde para crear el todo, porque lo demás es crear un cuerpo-alma especulativo que generaría hastío y limbo. Y cuando todo encaje el alma inmortal es mucho más interesante de lo que ningún ser humano pueda imaginar, porque el alma no piensa como lo hacemos ahora en esta supervivencia catastrófica.

Las cosas, los seres vivos, el componente atmosférico, todo para que se mueva, reaccione, crezca o desaparezca de una dimensión a otra necesita de la influencia de algo exterior para reaccionar. Si algo funciona por sí solo diremos que no pertenece a esta dimensión en la que vivimos. Las ideas desde los albores de la vida no han cambiado, son las mismas enriquecidas, esto nos da una idea de la longitud de lo infinito. Cuando vamos al espacio, todo lo que vemos y tocamos es parte de nuestro planeta, de nuestra creación, en diferentes etapas evolutivas.

Lo físico está relacionado con un conocimiento de supervivencia y desarrollo. Lo físico puede que tenga relación con lo espiritual si lo espiritual tiene contacto con lo físico. Pero si lo físico nunca tuvo contacto con lo espiritual serían dos cosas distintas dos mundos aparte. Y la sutileza de lo físico solo sería una mayor evolución de lo físico mismo. Si no sabemos qué es lo espiritual solo podremos hacer conjeturas desde lo físico. Y puede ser que lo espiritual sea una denominación que hemos dado desdelo físico creando una ficción perfecta, un poco para desahogar la terrible verdad tan fría de lo material, creando un mundo perfecto ero inaccesible, y todo esto por el desconocimiento que en tiempos pretéritos se ha tenido del mundo en el que vivimos. En nuestra realidad de vida, en lo que denominamos tierra está todo comprendido y la búsqueda de lo que deseamos podemos descubrirla con método y trabajo de conocimiento y asertividad. Un mundo feliz lejos de la realidad que tenemos es una ficción que hoy en día solo complace a los lelos, gente que no tiene sentido de la maravillosa realidad en la que vive. La escapada de otros mundos pregonados por las religiones solo creará el caos y obsesiones mentales. El poder mental está unido al poder material, eso somos y eso es maravilloso. Pregonan un mundo donde la materia no exista, y eso sería un mundo que no tiene nada que ver con lo nuestro. Una invención del poder que ha especulado a través de los siglos resguardándose con el miedo y el desconocimiento del hombre.

Nada es más hermoso que ver al hombre en su primitivismo ganándole la batalla al odio y al canibalismo y optando por una fraternidad a la que se va ganando poco a poco. Desde cuando nos devorábamos los unos a los otros hasta las leyes cívicas de hoy en día es para tener un respeto a la vida del ser humano en la tierra. Se está luchando por una vida palpable, y no por un mundo miserable que desprecia lo que se tiene esperando un mundo mejor sin hacer nada. Nuestra acción es nuestro conocimiento y el trabajo y estar informado y tratar de dejar los problemas inexistentes en la opción de lo lúdico, si se quiere.

El otro mundo con un Dios coronado es un invento de los que se pusieron la corona en la tierra y que deseaban que perdurara su hegemonía hasta en la otra vida. Nada más desechable que eso, pues pensaban que los seres humanos eran burros de carga sin paliativos. Y eso es una realidad palpable en nuestra historia. A estas alturas deberíamos de ayudar al hambriento, pero como una necesidad imperiosa, un hambriento es una afrenta en un mundo como el nuestro. No podemos dejar arriados a los que no tienen como antes los dejaban creyéndolos bestias de carga. Hay mucha gente que se pone una venda e inventa otros mundos que se nos regalará cuando hayamos servido al señor de la tierra, que es un señor, lo sepa el mismo o   no: especulador y mal amigo. De las cuestiones de que el ser humano esté atendido debería ser de una cuestión obligada sin paliativos por el poder social, y no por limosnas de tantos elementos que nos dan una limosna de su inmenso tesoro para salvar su supuesta alma. La cuestión social no tiene ni cielo ni infierno, solo vida y leyes apropiadas para los problemas actuales. El cielo y el infierno estarán ahí si los creamos nosotros, sino solo estarán en el látigo de los sátrapas.

Y no digo que no se deba emplear toda la mente con libertad, pero sabiendo, según las leyes físicas y mentales, que si no equilibramos correctamente nuestras búsquedas y experimentos podemos llegar a destruir nuestra civilización.

Diálogos Distendidos en el Círculo de la Amistad.

-Su nombre… Mi nombre es Helen.

-¿Y el suyo?

-Anthony.

Estuvieron callados, sintiendo el día radiante de perspectivas casi infinitas, aunque en estos círculos también quieren meter lo infinito con su explicación y todo. El camarero viene con el servicio de té y sorben en silencio tan preciado. De fondo se escucha un piano de Beethoven que lo llena todo discretamente. Luego van viniendo los personajes de esta cita hasta llegar de vez en cuando un círculo de cuatro miembros, todos pertenecen al Club del Círculo de amistad. Y el mar no está lejos, ni el bosque, ni los ríos ni los lagos, ni las hermosas ciudades. El tiempo está detenido de planos indiscretos dejando el paso a un estar libre y consecuente. Los nombres no son los verdaderos nombres, pues ellos desean ajustarse a un anonimato porque son fervientes seres humanos sin pasiones son buscadores de la mente infinita, y partidarios de ser partes de un todo. No desean publicidad porque saben que el ser es apto para encontrarse a sí mismo, que en realidad es la única manera. La razón es para ellos un medio más, no el único. Todos los conocimientos son aceptados, hasta el bien y el mal, porque el bien y el mal para ellos posibilidades, como otras, que los conducirán al conocimiento verdadero. Porque todo lo que está fuera del conocimiento es una angustia que puede llegar a ser destructora.

Anthony: -Cuando uno se descubre hay que guardar distancias culturales y de moda frenética o ralentizada. No es lanzarse velozmente y sin pensar a la nueva aventura, por muy encantadora que se nos presente.

Helen: -Pero, salir de la estación de los sufrimientos siempre se hace con premura.

A: Ahí radica el principio de la perturbación, en conceder el anhelo a lo desconocido sin prestar la atención necesaria al elemento vital que se deja. Porque en realidad no se deja, sino que se prolonga en lo nuevo, como base de operaciones.

H: En eso estoy segura, concibo que lo anterior es, si está actualizado, añadirlo a la nueva marcha, pero dejo claro que si existe en la base perturbación, habrá que acogerse a lo nuevo, sin demasiadas preguntas, porque el nuevo luminario encenderá lo perturbado anterior a la salida y lo curará y lo adaptará a el nuevo acontecer. Si en cambio, no iniciamos el sendero actual por reparos o miedos cervales estamos retardando, quizás para siempre el acontecer. Porque los estancamientos son miedos no superados que al ser muchos forman un ejército abigarrado que se hace fuerte en un impase, y eso produce que la evolución por su carácter de contenido totalitario tome la plaza y solo se salven muy pocos, entendiendo que los líderes del miedo sean condenados para que no formen fortines que dificulten la marcha triunfal de la evolución.

A: - Sí, pero yo quisiera saber, si esos miedos condenados, no serán necesarios para algún momento de la marcha.

H: Si el todo se entiende por todo sin perder nada entenderíamos que dejar varados ciertos elementos nos produciría horror al vacío. Pero la negatividad que se deja en la partida se quedaría en depósito de reciclaje, y una vez que lleguen al estado en el que se les pueda utilizar adjuntarlo a la evolución del todo.

A: Sí, creo que eso define muy bien el amor. En su momento recuperar pero no morir con él otro cuando el otro no puede aportar más que peores consecuencias para el todo. Lo esencial es el conocimiento, porque para amar hay que tener conocimiento. Hay un amor bruto irresistible, que fue necesario en la era primaria, que al no tener otra alternativa todo se concluía en enfrentamientos de muerte, como ocurre actualmente con los animales. Pero es necesario comprender que cuando se abandona lo que no funciona no es una crueldad, porque si tenemos fe en el todo sabemos que la evolución de lo que dejamos seguirá su curso en su momento, y bien es verdad que una vez sanada la enfermedad, todos estaremos en el cuerpo sano de la vida.

A: En los entreactos se irán a la pinacoteca de Münich para ver el retrato del joven Van Dick, admirar su mirada inteligente con un gesto recatado y mano de artista sobre su brazo ejecutor. Fondo de partículas divinas que orlan la figura desde átomo a átomo. Y no nos resbalaremos por la borda como Harvey desde Rudyard Kipling para entrar en el desarrollo de otra realidad, sino que permaneceremos el tiempo que estimemos conveniente, porque estaremos bien protegidos de los vozarrones de los que están estancados en el miedo y pretenden con sus groseras voces meter el miedo que sienten a los otros, esos incautos que en vez de estudiar el rugido del león se someten a su poderío ficticio.

H: Pero siempre se defenderán porque son como malos pintores que justifican sus errores con groseros retazos de autoridad. El sí porque sí delante de lo que no entienden porque no pueden perder la hegemonía de su estatuas ganado a sangre y a fuego, que en un principio estuvo bien pero que después se durmieron en los laureles y los tuvieron que echar del trono a banquetazos, y se quedan en vozarrones de padres latigueros. Y llorando por la nostalgia del poder. Por eso entendemos que esos vozarrones cautivos no lucharon por la libertad del hombre, sino por ellos mismos. Creo que por eso el pintor se siente desplazado ante la dentellada de los falsos señores y contrito ante la envidia del ignorante. Y es por eso por lo que la obra espera ser entendida en el tiempo.

A: Pero todo está unido, todo está en el crisol, esperando encontrar su cauce, como la creación misma. Porque la vida puede ser muchas cosas y puede ser lo que se proponga la voluntad d vivir. Pero una cosa es necesaria: El conocimiento, el sentirse vivo cuando se contempla la obra libre de prejuicios, así es como solamente podremos sentirnos, entender y darnos cuenta de que estamos vivos, porque todo lo demás solo nos informan de las vertientes que están tomando las posibilidades, dignas de estudio, sí, pero estudio para llegar de donde no deberíamos haber salido. Porque una obra de este calibre solo se siente y se comprende desde la luz de la verdad, todo lo demás es secundario e innecesario, porque lo secundario no aporta nada a la verdad en sí. Y lo secundario es necesario solo para los que están fuera de la luz. Es por lo que estas obras maestras est.an colgadas en los museos, y, para sentir y ver su plenitud, es necesario estar más allá del purgatorio, donde solo se ven retazos de la misma.

Helen: ¿Tomamos un té, o..?

A: Sí, querida, es una idea excelente.

Las funciones de la acción en la mente a la sinapsis del acto son encuadres ya aceptados por la razón que ha equilibrado los contrarios y entresacado los valores positivos de supervivencia en la acción. Existen otros valores que ya no son de supervivencia animal, sino moral o personal del sujeto, que están afincados en el ser como una necesidad ineludible, porque el ser humano no puede dejar de ser un ente pensante y deductivo.

Los templarios en el tiempo, en el cuerpo. Viajan en los trenes hacia el espíritu. Están en occidente, junto al espejo, en la pureza. Trabajan en la construcción y saben quién es el demiurgo. Son implacables guerreros. Llevan la Cruz en el corazón y la cábala en el intelecto.

Jaime Huguet. Sobre el fondo de la piedra, en las grandes pinturas oscuras en la forma. Pedro Berruguete muestra el silencio de la mano ejerciendo en medicina, encuadrando el volumen en fragmentos pensados y descuidos en el fondo. La luz se crea con etapas de otras realidades, las retinas absorben el regalo y vuelan a los juicios de sangre donde Huguet también participa en la fragmentación de esas letras que no se conocen en las últimas páginas.

En el siglo XVI se refuerzan las maderas doradas con calidades endurecidas en la luz que ciega. Pero es necesario ir más allá del doble Cristo azotado, más allá de las gemas y las tendencias, más allá de los tonos opacos, más allá quizás de las veladuras. Es necesario, para que se produzca el milagro, sembrar con toques blancos el agua y el cielo de la carne desgarrada por la espada. La mirada nos puede decir que sin el milagro de los esparteros, sin el milagro de San Bernardino en el lago de Mantua, nos hubiésemos quedado en el atomismo de una realidad en los cuerpos de San Jorge y la Princesa.

Todo es penumbra. Los colores mencionan otras realidades. La búsqueda empieza sobre un azul que emana de la tierra.

Antonin Artoud. Francés del siglo XIX-XX. Escribió teatro y poesía, tuvo desarreglos mentales. Tiene buena crítica. Fue un poeta maldito. Antonin Artoud 1.896-1948 Escritor, director de teatro, actor francés. Nació en Marsella Fue fundador de la Central Surrealista. Estuvo varios años internado en un sanatorio psiquiátrico. Ha escrito: Tric-trac du ciel, Jurnal d'anfer, Lonbilic des limbes, Le coquille et le clergman, Van Gohg, Le pese nerfs, Artoud le momó, etc.

A: La sensibilidad va unida a la maestría. Pero los parámetros son diferentes en cada ente u organismo. Es por lo que pienso que la composición de los organismos tiene mucho que ver con el carácter y la sensibilidad del sujeto.

H: También hay que tener en cuenta el medio ambiente en donde se ha desarrollado el sujeto. A veces se aceptan costumbres y formas de vida que en otro medio nunca se las habría permitido el sujeto. Y parece que el desarrollo de las dimensiones físicas y materiales u orgánicas tienen un desarrollo diferente en distintos medios ambientes. La psicología tiene mucho que ver con el desarrollo del conocimiento. Las creencias religiosas también. Yo creo que son normas impuestas por los grupos de poder para asentarse de por vida en el poder y que la especulación que realiza el sujeto con respecto a ello no se vea mal o se acepte por costumbres. Las costumbres de los pueblos, si se ve claramente son permisiones de que son regalos que les ha ofrecido el poder para que se sientan bien en sus puestos de servicio. Hay normas que ayudan a desarrollarse y otras a perpetuarse en la ignorancia. Cosas que se aceptan dichas por la fantasía o la frialdad de la especulación.

A: Eso se puede ver a través de la historia del hombre y la vida de los animales. Y se puede deducir a través de estudios empíricos que han realizado filósofos y hombres de ciencia que el hombre es una creación, como lo pensaba Descartes, pues sus partes están pensadas para que realicen una función, y homologadas de tal forma que si su funcionamiento fuese diferente la vida como la conocemos sería imposible, Cada órgano realiza su función proporcionando al siguiente la facilidad de la suya y actuando con el ritmo y el tiempo preciso.

H: Lo que el hombre no entiende es una vida sin creador, pero al mismo tiempo no entiende que exista un creador sin principio. Lo mismo les pasaría a los autómatas si los creara en científico, tendrían unos conocimientos para ejecutar su conducta e ignoraría otros que en realidad no están creados para conocer. El problema del hombre como centro del universo es algo ya casi desbancado. Existe en la evolución del hombre la posibilidad de que se entienda el principio si es que lo hay u otra cosa que justifique la vida, pero eso se verá cuando el sujeto tenga un desarrollo en el transcurso de su existencia. Las preguntas están en el aire, las respuestas también.

A: Todo cambio, según Newton, es producido por una fuerza. Siempre me ha parecido impecable este enunciado. Pero a la larga comprendí que la fuerza es fuerza tanto en cuanto obliga, y se deduce que la fuerza debe tener más potencia que la que tiene el objeto que mueve. Pero después pensé que el vacío, que no tiene nada, mueve a lo lleno y lo acuna y le obliga a permanecer en el sitio en donde antes no estaba. Esto ocurre en la convivencia entre los seres humanos. Hay sujetos que producen sonrojo y miedo a otros que en ese momento ostentan poder social muy por encima del otro. Esto se podría explicar que el sujeto inferior socialmente posee más poder que el superior. Por lo que se puede deducir que algunos espacios vacíos tienen en sí una energía indetectable que atrapan a objetos palpables. Es por lo que se puede decir que hay fuerzas diferentes y algunas que no se pueden detectar, lo cual no quiere decir que no existan. Cuando el conocimiento se estanca o no se renueva se convierte al paso del tiempo en una carga que puede llegar a destruir la creación palpable. Y el problema vital es que el estancamiento en política como en la ciencia o la cultura nos ha golpeado porque individuos refugiados en sus cargos no han querido dar paso a lo inevitable de la evolución. Y aquí lo que se pierde es tiempo, que se concierte en tiempo muerto.

H: Sabemos que ese tiempo de impase derogado por acomodaticios ha prolongado el sufrimiento de los seres de la creación. Porque al avanzar en el conocimiento y en el desarrollo siempre se ha evitado la miseria de los seres humanos. Luego entonces es un crimen que algunos obstaculicen el desarrollo vital d la vida y de la ciencia. En tiempos pretéritos las religiones inamovibles han pretendido gestar un mundo de impase en espera de un hipotético Dios, y esto ha producido un daño enorme en la raza humana.

A: Que duda cabe que los intereses creados son un lastre, aunque necesario, para la evolución. A la vida dl hombre en la tierra le falta pragmatismo y le sobra paranoia fantasía. Existe la creencia de que la vida de la ciencia y del conocimiento es muy fría y nos hará como autómatas. En lo primero el conocimiento pragmático te da vida de la positiva, y en lo segundo, sabemos que somos autómatas con todos los requisitos para pensar. Porque nuestro cuerpo, como es la circulación de la sangre es como la nutrición de un elemento. Y sabemos que hay cosas que con el desarrollo que llevamos nunca vamos a conocer las respuestas a las preguntas de base de nuestro principio, nuestro fin, y por qué. Además el principio de la existencia. Y seguimos dándole vueltas dentro de un programa en el cual no existen esas respuestas, porque precisamente estas están contestadas en un nivel superior de nuestra evolución, y para llegar allí debemos pasar por un conocimiento que nos conduzca. Puede que sea otra dimensión, como dicen algunas religiones, pero lo más seguro es que el ser humano necesite un desarrollo, inclusive una mutación para poder detectar lo que existe pero que no tiene recursos para ello. Lo único que nos ha llevado a conocernos a nosotros mismos ha sido el trabajo para adquirir conocimiento de algo que ya existía en potencia, algo que ya estaba aquí antes que nosotros. Por lo que se deduce que si antes hemos recibido un mundo con una base energética tan inmensa podemos deducir, sin dudas, que existen infinidad de cosas que desconocemos y que tenemos que descubrir, y seguro que la inmortalidad y la felicidad está entre esas cosas. Por el solo hecho de quererlas encontrar estarán ahí esperando nuestra entrega ara darse a conocer. Lo problemático es saber qué hacer para poder llegar a eso. Y lo seguro es que todo está ahí y nosotros no podemos detectarlo porque no tenemos desarrollados nuestras posibilidades. Y las posibilidades tienen muy diferentes formas para llegar a ellas. Y no podemos estancarnos en una base alimenticia y de espera para conseguir nuestro objetivo. Habrá que cambiar los métodos y dejar de ser sujetos veleidosos y vacíos tratando de engañar al otro, engañarlos y explotarlos, pues todo eso nos desvía del camino verdadero. Parece que el oscurantismo les beneficia a unos cuantos grupos de poder, lastres para la evolución. Estamos todavía en la vía de mostrarnos al otro como si fuésemos dioses, dioses buenos, pero dioses, y eso es pernicioso. Y esto ocurre porque no comprendemos que la tarea más pequeña es de igual importancia que la más grande, porque para que se produzca en verdad la vida en nosotros tendremos que despojarnos de los malentendidos de los tiempos de los sátrapas y d las veleidades vacías. Y entraremos en un mundo más real cuando aparquemos este mundo irreal, aunque no todo, que nos entura. Tenemos más de las dos terceras partes de la población sin reconocerla, cuando la otra parte vive como monos de feria sin hacer nada más que enseñar sus fantasía la cual no lleva a un mundo vacío y sin futuro. Cuantas civilizaciones se han destruidos empezando por Roma o Grecia por el papanatismo. Las clases denominadas altas solo tienen aire, y las clases denominadas bajas solo tienen aire porque desean ser como os de arriba. Y ninguna de las dos clases ve la realidad de la creación. Cada persona mueve un hilo imprescindible para que se produzca la verdadera vida y, si falta uno, sea quien sea, no se realizará la vida. El mundo especial para algunos es un mundo de dolor, de hastío, de inmovilidad. La unión de los seres humanos con la naturaleza nos aportará la verdadera felicidad, la energía limpia. Algunos se creen que para que se produzca esto hay que darle al otro el medio pan que les sobra. Eso es un error. Lo que hay que hacer es reconocer al otro, pues este guarda en sí una información necesaria para la realización de nuestra verdadera vida. Esa son las normas del juego. No se pide limosna, sino conocimiento para entender dónde estamos y donde vamos. Hay muchos que se quieren convertir en santos para ayudar. Si los santos son elementos que aclaran los hechos de la realidad bien venidos sean, pero, si se ponen para adorarlos y que el santo nos dé la solución de los nuestro, es la subjetividad más grande en la que no habría nunca que caer. Porque el mundo futuro es un mundo de unidad y conocimiento es por eso por lo que tendremos que llegar a entender que la realidad está en la unión de todos, en despertar de este sueño que solo lo ha provocado la miseria y el egoísmo. Y además saber que todo es perdonable porque los tiempos han sido muy duros. Y si no hay perdón no hay realidad, tanto en cuanto que nadie tiene poder para perdonar, porque hemos hecho hasta aquí lo que hemos podido. Y en lo nuevo se hará lo que se deberá hacer.

Helen: Sí Creo que no se ha utilizado la convenientemente el movimiento de aceleración de los cuerpos de Galileo. La velocidad es un hecho que se acelera con el tiempo que el cuerpo cae, pero esa aceleración termina cuando el cuerpo llega a una base que lo pueda retener. Deduzco que la importancia de la aceleración es necesaria para los efectos de ciertos fenómenos. Lo mismo que la base que lo para en su movimiento de aceleración. Por eso son necesarias las dos plataformas, los dos fenómenos para que se produzca el hecho del movimiento y del reposo. Y en la sociedad se da por bueno que la aceleración sea cada vez más acelerada y dan por negativo el estatismo de la nada. Y si vemos el punto diremos que el cuerpo acelerado tuvo que partir del reposo absoluto porque no existe movimiento sin su contrario. Sabiendo esto nos damos cuenta de que hay muchas cuestiones en nuestra existencia que están ahí marcadas con un nombre, en reposo, sin que nadie las utilice, y deducimos que eso provoca un impase en el desarrollo de la vida. Porque todo, en su verdadero contexto tiene su valor intrínseco en la creación. Vemos que las especies se eternizan creándose ellas mismas, como sentido primario de la vida. Pero entendemos que en un futuro la creación del ser se podrá hacer fuera de los cuerpos de los seres, utilizando otras técnicas.

Partimos de na existencia que no entendemos con la razón. La razón que explica y justifica todo, o lo pretende, no nos resolverá el problema del conocimiento.

Nos relacionamos utilizando la razón. La razón define a todo lo demás, hasta los mismos sentimientos. Si se inventa algo se tratará de explicar, todo parece ser que deberá tener una explicación. : Así es la mente humana. El ser humano no admite algo que no entiende, aunque se beneficie de ello. El mundo es racional, todo lo demás se soporta con miras a entenderlo a la larga.

Al principio lo que existía se movió. Algo ocurrió y el emplazamiento perfecto primigenio perdió su estabilidad.

El ser humano deseo fervientemente regresar a su estado primigenio. Pero ya no es posible ese retorno. Y el ser humano no quiere enterarse de ello y no dja de luchar para regresar. Aunque todas las piezas se junten como estaban antes ya no será lo mismo que era. Porque el primer movimiento no dejó nada detrás. El sujeto busca casi sin saberlo la nada y por ello crea la muerte en su mundo, para regresar al paraíso perdido.

Todo lo produce el conocimiento. No hay ya un sitio en el universo donde la vida se sienta feliz. La felicidad se perdió para siempre desde el momento que entró en un mundo evolutivo. Lo que verdaderamente ocurrió no lo sabe el hombre, el hombre solo puede conocer su consecuencia, pero no sabrá jamás el por qué la energía que no tenía conciencia despertó a la conciencia de sí misma, a la existencia inteligente, pasando de ahí al caos de las partículas vivas que desean sobrevivir, buscar el bienestar, huir del dolor y de la muerte que desde entonces conocen eternamente, aunque no pueden explicarlo.

Si el hombre aceptara la fe moriría, no sería más. Porque la razón del hombre es medirlo todo, escudriñar y escudriñarse, aspira a saber qué es lo que es él mismo. –En la lucha por la existencia el regreso a una vida sin conciencia de sí misma es un suicidio, El exterminio del hombre tal y como lo conocemos.

El primer movimiento hacia el infinito está enlazado con el segundo movimiento de regreso. Así sabemos que se ha producido.

Artaud luce en el cielo francés elevando esa palabra solitaria que vive en el recuerdo profundo. En ese lugar solo tienen acceso los grandes solitarios para rescatar y ofrecer esas palabras, esas frases que despejan el camino del guerrero invitándote a vivir en la libertad de lo inefable. – Cielo surrealista enmarcado en un psiquiátrico para sentir en el alma los claros de luna de Beethoven.

A: Las posibilidades son inmensas. Vivimos en una era en la que hemos aceptado vivir en consenso para mejorar los sufrimientos de la vida, pero no tenemos claro que ese desafío es algo muy difícil de conseguir.

H: Fríamente y materialmente es difícil, pero espiritualmente es casi imposible. La mayoría de los seres humanos hablan del amor y la persecución del mismo para implantarlo como norma. Pero no saben que el amor es el elemento que guarda en su interior los monstruos más horribles jamás imaginados. Los que se enamoran desconocen en el lugar donde van a entrar, porque como casi todo en nuestra existencia está camuflado, son sé si por malicia o compasión.

El tiempo de la mente con la recapitulación se libera de las antigüedades de las afirmaciones del carácter. Al superar los hechos como posibles espejos de infinidad de formas se deja de buscar lo nuevo, parece como si todo diese vueltas en eventos generalmente sin gran importancia. Lo nuevo siempre lleva la cola de lo viejo. Aquel encuentro, aquella encrucijada, que si en verdad la miramos con asertividad nos damos cuenta de que eso ocupa un lugar móvil en nuestra conciencia, un espacio en donde se puede reescribir. Y la base inicial es solo una pista de despegue y no un hecho excepcional y único. Quienes no trasciendan los hechos se quedan en un mundo estático y reducido, a un terreno sin cultivar. El espacio de la conciencia está ahí, pero hay que ponerlo en funcionamiento, enchufarlo, de lo contrario la conciencia se convierte en un mamotreto arrinconado lleno de telarañas con unos recuerdos ácidos que siempre hacen daño por su propia inmovilidad.

A: El ser humano tiende a repetirse por miedo, a ser una especie de robot casi gratuito. No sabe y no quiere saber, y si inicia algún proceso es para mejorar su supervivencia. Goza de lo que no le graba en esfuerzo y busca el placer como una meta inteligente. No pone en práctica su intelecto renovándose en los valores porque cree que la vida es un viaje de placer, creyendo que el placer lo da las cosas vanas y despreocupadas. Pero el ser humano no puede evitar su destino y a la larga cae en la ruina mental y física.

H: La verdad de la energía es muy diferente de como el sujeto la entiende. En la búsqueda del conocimiento y en el desarrollo de las posibilidades que tiene el hombre en su naturaleza y en la creación son infinitas. Ahí está su libertad, en descubrir las posibilidades. Pero se estanca en la vida de las familias y en la supervivencia casi animal con todos los miedos ancestrales casi a flor de piel. Sobreviven y con eso se dan por enterados o satisfechos. Cuando en realidad la verdad del ser es su evolución mental al acorde con su cuerpo, pero cuerpo evolutivo. Ellos crean unas normas de existencia y lo quieren meter todo ahí, cerrando la realidad a base de leyes impuestas. El punto de encaje de esta civilización se basa en la enajenación. Cuando los sujetos nacen los integran en el aprendizaje sin informarle de que lo que ve es una decisión anterior de supervivencia y les marcan un ritmo de desarrollo. Cuando la información debería ser abrir la verdad para que la mente viva en la verdad, que aunque sea dura dará mucha más vitalidad para abrir un futuro infinitamente mejor. Clavan las mentes en la idea de personajes fantásticos que tienen infinito poder, creando castas reverenciales. Y en verdad el infinito poder está ahí, pero en la mente y la conciencia de la vida, y que es de todos, y no de un Dios volando en una nube. Si entrásemos en el pragmático, en lo asertivo, en la libertad adjunta al conocimiento y al desarrollo. Lo que la sociedad actual pide es una visión adecuada a nuestra situación en el planeta y que el sujeto deje lo subjetivo por lo asertivo. No se quieren dejar las costumbres antiguas porque creen que van a perder algo, deberían de saber que en la conciencia no se pierde nada, y que no es necesario estar recordando siempre lo mismo como si hubiésemos tocado techo.

H: El sujeto es vanidoso y se cree centro del universo, y con esos mientes vive esperando que los demás lo reconozcan. Esto se va dando de generación en generación porque la comedia es admirar… Si en verdad supiésemos que las aportaciones válidas son un hecho que nos concierne a todos por igual estaríamos más felices y habría menos envidia y se colaboraría mucho más y se respetarían los trabajos y las costumbres de los pueblos, pues todo eso sería un combustible para el propósito de todos. La vida se va tomando su tiempo para enseñarse, pro el ser humano tiene un protagonismo muy especial, y sin él entraríamos en entropía y las sucesiones de géneros de vida causarían muchísimas penurias hasta abrir el camino verdadero. Y es que hay que reconocerse como un equipo que funciona como una unidad para realizar nuestro trabajo en esta vida. En la actualidad existen muchas derivaciones que solo nos conducen a dar vueltas sobre el mismo tema. Saber que el éxito de uno es el esfuerzo de todo sería todavía mucho pedir en esta babel donde muchos van de personajes importantes… Sin darse cuenta de que están atrapados en una idea del pasado que quizás tuvo su razón de ser pero que hoy en día solo se sostiene con la falta d recursos a los más necesitados. Lo que nos encauza en los márgenes más oscuros de la creación llamando a las peores catástrofes e el satanismo y la perduración de las castas, cosas ya que tendrían que estar superadas. Muchos todavía piensan en crear una civilización superior a fuerza de esclavizar al resto, todavía no han entendido que esto, lo nuestro, no puede funcionar sin considerar la importancia vital de todo, hasta la mínima partícula de la creación.

Interludio: Si se parte de cero y se regresa al cero sabemos que la meta primera no será igual que la meta segunda. Esto quiere decir que hemos evolucionado, que se ha despertado el mundo evolutivo. En un mundo como este no hay lugar para el reposo ni para la felicidad. En la evolución existen formas infinitas de arquitectónicas que en sí son más o menos adaptables a la vida. Pero hay que tener en cuenta que la existencia evolutiva no busca la felicidad para cada una de sus partes en evolución, lo cual no quiere decir que cuando se haya realizado un ciclo la totalidad d ese mundo gana en bloque en su calidad d vida, mientras que las partes trabajan con la calidad de vida en la que iniciaron el proceso evolutivo. No pueden existir en el proceso artes más o menos importante para la misión, el ascenso se define nutriendo a todas las partes componentes su grado de calidad de vida equitativa.

Para estos mundos una gran epidemia con mortandad puede ser un estado ideal de salud porque puede estar consiguiendo una evolución eficaz para su proyecto. Esto se da en los mundos que están en entropía. Y en los mismos mundos, un estado d bonanza puede repercutir en ellos en miseria y decadencia. El hombre es testigo de la evolución y la conciencia ayuda a elegir senderos más apropiados para lo que busca la existencia. A veces, en la evolución de los planetas, el hombre puede desaparecer de la existencia, y otras puede volver a aparecer, porque el hombre forma parte de la evolución porque fue creado por la existencia y es parte integrante del todo.

Algo muy importante de conocer en este presente sería saber cómo se nutre el planeta en el que habitamos y cuál es su historia y a donde se dirige. Las cosas podrán tener en el futuro derroteros muy sugerentes y especiales, aunque esto, casi seguro, es un sueño que alberga la razón

E: Meta cognición, darte cuenta de que tu mente divaga en algo que tienes que hacer mañana provocándote preocupación. Esa idea hay que sacarla de la mente para que no entorpezca la función objetiva del momento que se vive. Lo mismo, para darse cuenta d lo que se está soñando hay que reflexionar d lo que soñamos en el momento de soñar, sacar conclusiones, dirigir el sueño como si estuviésemos despiertos. Así se hace más placentera la vida de la vigilia. No es lo mismo recapitular que sufrir la interferencia del pensamiento adocenado en hechos pasados que irrumpen en la tarea diaria como queriendo tomar parte sin que haya sido invitado. Lo aconsejable es intentar soslayar la intromisión y solo prestar atención a lo que debata sobre el momento de la realidad. Cuando se quiere hacer recapitulación sobre los hechos acaecidos en el pasado es preferible hacer un entreacto corto de meditación, respiración y silencio y en postura natural recapitular hasta que el sujeto cierre la sección de recapitulación y volver, después de unas respiraciones lúcidas, al estado de vigilia natural. −El materialismo consciente. Descartes. La naturaleza nos ayuda a pensar, el pensar viene de la sensación y de la volición, de la necesidad de aclarar o informar a la mente. Al pensamiento hay que tenerlo registrado en una especie de trama asertiva para que siguiendo esos parámetros nos informe debidamente y no divague. En entendimiento del pensamiento es indispensable para llevar un control necesario en uno mismo. Distinto es cuando se comparte con sujetos exteriores a uno mismo. Ahí hay que tener en cuenta el conocimiento que tenemos del otro, y si no lo conocemos hacernos un idea del sujeto por su porte y su forma de expresarse, y después ubicarlo y contestar adecuadamente. Si en el transcurso d la conversación se detecta variables es necesario adosar esas a la idea de la comunicación, debiendo ser esta clara y con un sentido si se trata de un negocio y más desinhibida si el encuentro es de ocio o placer. En ambos casos hay que tener presente que conociendo la sensibilidad del otro es muy recomendable en cualquier caso. Cuando un sujeto irrumpe inesperadamente es necesario saber el motivo por el cual nos contacta. Puede ocurrir que en ese momento no podamos atenderlo y educadamente o con otro talante, según el caso informarle de que no tenemos intención de seguir el encuentro. Lo mismo podría suceder con un conocido, decirle sinceramente que estás ocupado y despedirte según la intimidad que tengas con el sujeto. Es favorable llevar una información de las cosas importantes en la agenda del día, eso nos dará flexibilidad asertiva y no dejaremos de hacer las cosas por olvido, sino que cambiaremos de planes conscientemente, adjuntando en la agenda el día y hora en que deberíamos retomar el asunto pospuesto. Llamar a un sujeto con el cual tenemos una cita ineludible es un acto de cortesía. Y es muy conveniente que haga la llamada un empleado para no perder el tiempo en explicaciones, y darle otra cita si lo creemos conveniente o de lo contrario que espere a recibir noticias pertinentes. Cuando la reunión se vaya de lo que se venía a tratar es pertinente levantarse y hacer una llamada e informar al grupo de que asuntos perentorios nos aguardan y despedirse. No es conveniente entrar en asuntos que no se tenían programados de antemano, pues la experiencia nos dice que podríamos caer en asuntos y tratos que al no tenerlos preparados nos proporcionarían problemas posteriores.

A: Todos los tiempos culturales y de búsqueda de la ciencia han ido tirando barreras, creencias acomodaticias. Esa ha sido la historia del hombre en este planeta. Y no es que critiquemos esa actitud, porque con la ciencia hay que andar con cuidado. Estar muy seguro si el adelanto está en paralelo al menos con la permanencia de la vida del ser humano y otras criaturas en la tierra. Hay quien afirma por la perfección mecánica de los seres vivos que en principio pudo ser una creación de laboratorio, todos los indicio lo afirman. Pero no hay que descartar que el sentimiento del espíritu omnipotente también es otra manera, que aunque no se pueda probar con un solucionador de problemas, la imaginación está ahí. El ser lleva consigo en el desarrollo vertientes que pueden beneficiarlo y otra que pueden destruirlo. Por eso los consensos de las ideas de partidos, que pretenden darse lustre con sus sonadas victorias y presumir de sanadores de la sociedad son peligrosos si no se tienen en cuenta otras versiones comparando otros parámetros posibles. Y es extraño, que problemas de existencias fáciles de arreglar permanezcan en el olvido o se dejen a su aire sin hacer nada por mejorarlos, solo porque no dan lustre al ego del hombre. La infinidad de posibilidades nos responsabiliza de los actos o voliciones que tenemos que admitir para beneficio en principio de la comunidad, y después, investigar sabiamente por donde tenemos que ir. Si no partimos d una base firme todo l que se arregle desde un techo ilusorio se nos vendrá encima. A veces tenemos las cosas delante de los ojos y nos las vemos, como ha ocurrido y ocurre también hoy en día, como ocurrió con Galileo y otros. Hay cosas sencillas que solucionarían problemas que hasta ahora son indiferentes. Y el principal es la vida en el planeta d una manera consciente y correcta, crear una base firme tocar la realidad de nuestra existencia, y de esa base iniciar otra época nueva en la mente, dejando atrás las alucinaciones del ego, que son solo fantasmas que nos llevara a la destrucción con una sonrisa de bobo en el semblante. La cuestión es seria, es más grande de lo que algunos sabios actuales piensan, pero al tener una base defectuosa d cara al ser humano, provocada por intereses, esotéricos podíamos decir, porque luchar por ideas estancadas en la ignorancia es algo que no nos podemos permitir. Existen demasiadas tendencias de vida que se enfrentan con las nuevas generaciones por acumular poder, eso siempre ha ocurrido, pero no se debería perder de vista la realidad de todos, porque a veces por gar un partido se perjudica a todos. Entrar en una realidad sencilla y clara y respetarla porque todos los seres la aceptamos es un punto de partida, y el teatro burlesco ponerlo en su dimensión, porque cuando se mezcla todo el coctel puede ser vitriólico.

H: Lo único que existe en el universo es la energía; lo maligno es solo una configuración de la mente abrumada por la fijación del punto de encaje en su posición habitual.

Así, podemos imaginar un elemento o criatura creado para investigar la creación total, su sujeto con un circuito de retroalimentación con una conciencia que en cierta manera tiene un plan inmerso para dirigir el campo a investigar. Y todo lo que ocurra con este robot, por llamarlo así, es filtrado por la mente que manda, por ella misma una información a la base, y que desde esta recibe una alimentación variada para seguir explorando y enviando informes a la base nodriza. El programa es muy extenso y con sensibilidades adosadas en el programa de una perfección que a veces, y en algunos casos, el sujeto se cree que es libre y que no pertenece a nada excepto él mismo. Luego de una lucha interna se le envían mensajes a través del pensamiento para que agudice una estrategia d vida. El sujeto separa de esa forma la energía que le circunda de la suya y comienza a la creación de un campo de supervivencia independizado ya del principio. Pero este robot prefabricado que es el sujeto jamás se podrá liberar de nada semejante porque fue creado para que actuara como lo está haciendo en el presente, y todo esto estaba previsto, porque tenía ya en su origen los parámetros necesarios para ello. Además el sujeto ha tenido y tiene la posibilidad de perpetuarse a través de la reproducción. Esta posibilidad la podemos encajar en historias muy sugerentes, pero a la larga será lo mismo. La energía construye todo lo que existe y tiene también una creación para investigarse ella misma y para elaborar un futuro según sus normas. Deducimos entonces que la verdad es algo que se ha movido en la historia de la vida buscándose a ella misma. En realidad cuando buscamos solucionar algún problema buscamos en los experimentos anteriores y en la reacción que se produce en el intento. Al nacer lo hacemos por un plan ya adscrito en la mente de la criatura que da a luz para cuidar del recién nacido, en la gestación y en el nacimiento y en la guía del mapa a donde se va a mover el neófito. Esto les ocurre a los hombres y a los animales. Entre el hombre y el animal hay unas valoraciones de perfección y conocimiento, parece que la creación desea esta información para investigar, supongo, los diferentes campos con distintos elementos para tener información de un campo amplio. La vida del hombre en el planeta es muy importante para el plan del futuro de la vida, porque la labor de introspección que realiza conlleva una cúspide verdaderamente importante para la comunicación. Si nos damos cuenta el hombre es sus vivencias y sus posibilidades. Y si se logra crear un mundo verdaderamente estructurado y único, los seres humanos serán muy similares, por no decir idénticos con algunas variaciones muy simples. La vida que tiene el hombre le viene de la experiencia de su vida, tanto con la de los sujetos que ha conocido, como las del medio ambiente etc. Si la legalización cultural y anímica es la misma, o sea si el hombre vive en un mundo común a todos los hombres constataremos que la vida energética solo crea a un hombre que conviva con la creación creada por el mismo hombre. Podemos deducir que esto es lo que persigue la vida, porque aquí perdería importancia morir porque en realidad siempre estaremos en la vida a través de nuestros iguales, de nosotros mismos. Las diferencias de los hombres en un futuro estarán ahí habrá gamas similares que formarán la gama única. Y partiendo de esa base veremos que en la nomenclatura, a través de la perduración en el tiempo, todos seremos iguales, quiere decir que los sentimientos serán uno y la vida será una. Esta es la proyección de nuestra vida. El momento actual es un momento de estructuración, de búsqueda.

A: No creemos que el pasado sea algo definitivamente ido. Porque vive, viene a nuestro encuentro, tiene voz y voto en nuestras vidas. Pero no obstante no deja de ser nostalgia y también, qué duda cabe, información de base para poder controlar nuestras vidas. El pasado es experiencia, nostalgia, sufrimiento, y sobre todo el paso del tiempo en el que va apareciendo la nueva persona con todas sus influencias. Podríamos decir que nuestro presente es la suma del pasado y del acontecimiento presente. Mirándolo bien el presente es el fruto de nuestras vivencias sumadas al acontecimiento, y encontramos que el pasado es algo que podemos mover del concepto arcaico en que lo tenemos almacenado y ponerlo al día con otra visión renovada de puntos que no actuaron en aquel entonces. Hay quien dice que solo existe el presente, entonces tendremos que decir que el presente es un conjunto infinito donde todo ocurre y que nosotros lo conocemos a lo largo de nuestras vidas, que nos vamos despertando poco a poco para poder ver Porque a veces hemos visto un jardín durante años y en un momento dado lo vemos diferente, esto quiere decir que nuestra mente ha evolucionado, ha encontrado nuevos caminos que ya estaban pero que no podíamos ver porque nuestra recepción no era acta para ver ese aspecto de la vida, aunque estuviese allí no teníamos herramientas para detectarlo. Si nosotros somos entes en evolución tendremos que entender que nuestra capacidad se está descubriendo para poder ver lo que tenemos delante pero que en el momento que no lo vemos es como si no existiera. Nos preguntamos si la fórmula que buscamos y desarrollamos no estaba ya en nuestra base y que para comprenderla era necesario descubrirla, y que el trabajo que realizamos en el intento es como abrir un camino que estaba ya esperándonos. Algunos aseguran que los hombres estaban en su totalidad de ser y fueron privados de este privilegio. Las causas pueden ser varias: accidente, castigo, o una nueva puerta abierta hacia un mundo distinto. Lo que habría que saber es el principio de todo, y si ese todo es algo que nunca nos podrá explicar su principio porque nuestro conocimiento no albergará nunca esa resolución. Lo que sí podremos conocer es cómo nos crearon, y el momento en que nos crearon, pero la totalidad del conocimiento que había, aunque fuera en abstracto, nunca lo podremos conocer porque no lo entenderíamos, que está fuera d nuestro entendimiento o, es posible de que lleguemos a una evolución superior donde la pregunta del principio como la cuestionamos ahora no la haremos porque no tendremos necesidad de hacerla, porque de alguna manera estará contestada. La búsqueda de la vida quizás sea reencontrarse con lo que algunas religiones llaman el paraíso. Esto se ve muy extraño en la sociedad en la que vivimos porque aquí todo hay que justificarlo mediante un recibo, y quizás esa aptitud es una especie de pecado original que solo se trascenderá con el cumplimiento de una misión, misión que no tiene por qué ser un castigo, sino un aliciente para encontrar plenitud de entendimiento, entonces se vivirá en una realidad diferente y el pasado se verá como una cosa muy simple que nos ayudó a encontrar la verdadera dimensión de la creación. Todo en este planeta ha ido evolucionando muy lentamente al principio y en la actualidad ha tomado velocidad tanto en cuanto hemos ido descubriendo la ciencia y nuestras voliciones y sentimientos han ido evolucionando. Se puede decir que hoy en día explica muchas cosas la ciencia que los que no tienen ese conocimiento no entienden. Aunque podrá llegar un momento que toda mente que nazca en esta creación nos traiga ya desarrollada la luz necesaria para ver y entender la creación. El futuro, cuando se libere este presente de la negatividad y el sufrimiento será algo apasionante, porque el hombre no tendrá que experimentar lo destructivo, como la necesidad y la violencia entre los sujetos porque la realidad llenará con holgura la realidad del presente en la vida. Estamos en el camino, de eso no hay la menor duda. Y la vida existe, es una realidad, y es un regalo maravilloso para todos.

E: Rico bonete ribeteado de azul silencioso. Cuando oyeron las cadenas nadie pudo descansar en la mansión del fantasma. En Pompeya, el sol, líquido caliente. Trae el esplendor sobre los pechos de Julia. Su color en murales, murales que surgieron de la ceniza caída de los esqueletos en los trirremes, ofreciendo sus amores rotos sobre el ocre. Arca de muerte salada que enamoran a Cronos que se desviste en Pompeya la romana. Por la original tabernae viene Julia mayor con un paño de Verónica en las manos para absorber la mercancía estancada.

Desde la ventana verás la letra gótica. Su ritmo es de espuma mientras ellos esperan tocando la trompeta. —La familia Otis, no lo olvides, tomaba el té en donde el tejo de los Canterville esperaban para unirse a los césares imbuidos en una consideración casi deshidratada por la larga espera de los siglos ya pasados y por las máscaras sorprendentemente felices de los criados, que portaban pelucas de difuntos arcontes en un baile casi insinuado, tratando de no aparentar la felicidad de ser servidores de tan alto linaje. Parece ser que nunca llegaron los invitados y todo aquello se convirtió en una costumbre de remembranza y tomaban el té todas las tardes esperando sin impaciencia a los togados laureados. A veces, los lacayos hacían una pantomima avisando con golpes de vara de fresno la llegada de los esperados césares, entonces, los Cantervilles se levantaban ceremoniosos y saludaban a los fantasmas en un juego mágico quizás inventado por imitación al escritor romano.

A: La vida como tarea fue en principio un descubrimiento que se ensanchaba al par que se realizaba por el hecho que la cosa misma llevaba implícita una dirección evolutiva. Si se parte de la premisa que el mundo es energía, energía que contiene todas las maneras y formas posibles, podemos entender que la volición, que es también energía juega un papel constructivo en lo que se va descubriendo. Según Castaneda en el Arte de Ensoñar, el mundo creado es una volición, que él llama -El Punto de Encaje- Y se deduce que al haber infinitos puntos de encaje nuestro mundo podría haber sido una cosa muy diferente de la que conocemos. Se dice en otros libros religiosos que el mundo fue creado por una voluntad de hacerlo. También se dic que el principio de todo es una pequeñísima molécula que lo contenía todo. Se puede deducir que el paisaje, los animales, todo lo creado se contenía dentro de ese punto de encaje, y que todo lo que conocemos lo conocemos por el punto inamovible que experimento el creador. Se puede leer en el mismo libro que existen maneras de cambiar el punto de encaje y entrar en otros mundos paralelos que existen como este, de lo cual se deduce que otros seres de alguna manera han podido manipular energía viva para crear otra realidad de la que vemos y normalmente creemos que es única. En la percepción energética en donde nos movemos se da por entendido que todas las cosas posibles están contenidas en la energía pura que usamos para vivir esta dimensión. Porque los caminos de la energía son infinitos. Pero no podemos dejar de ver que con un comportamiento especial podríamos ir construyendo un mundo nuevo con el conocimiento obtenido por la experiencia. Lo importante es saber que la vida es una adaptación a lo que nos proponemos y que la ceración se va formando con esa voluntad. Deberíamos entender que el sujeto va formándose una personalidad con el modo de vida que encuentra al nacer y lo que va deduciendo que le interesa según su experiencia. Pero nos podríamos preguntar, si el sujeto parte de un punto, y ese punto contiene a lo largo y lo ancho todas las posibilidades podríamos pensar que el sujeto podría escoger ser cualquier cosa. Pero hay sujetos que por falta de conocimientos o formas adocenadas se dejan ir por el camino y viven una existencia terrible, sin saber que en esa existencia existen estancias, que hay que formar se entiende, en las que el sujeto podría vivir una vida llena de conocimiento en donde se entiende el mundo en el que habitamos y todas las demás posibilidades. La cerrazón es que a los niños que nacen no se les informa de este mundo correctamente. Y cuando va desarrollando le meten en la cabeza historias para poder manipularlo. Y cuando el niño llega a adulto vive en un mundo que no entiende y ya solo busca dormirse y terminar con una interrogación en su camino de vida. El motivo por el cual no se informe de la realidad en la que estamos, sin metáforas religiosa, no informando que el mundo en el que vivimos es el único posible y que el otro cuando perecemos nos lo dará un ser poderoso es ponerle nombre a la energía con un cuento que seguramente le interesará a cierta clase social, no lo sé. Pero lo que sí es cierto es que a estas alturas la educación tendría que darse claramente a todo aquel que nace, ya que decimos que el hombre es libre. Porque el hombre es libre cuando conoce y sabe que es lo que le interesa, porque si no sabemos cómo usar la vida porque nos han dado una información errónea, sabiéndolo o sin saberlo, ahora, este presente sí podríamos informar de la verdad, pues es la única razón que el hombre se pueda denominar así. Porque no es de recibo que muchos estén pagando por errores que son de todos, y que se podrían evitar. Y no nos sirve, cuando hay una explicación para la vida que nos cuenten historias inventadas para vaya a saber por qué. La mente es infinita, y el ser que vive puede hacer con ella lo que desee hacer, vivir en esta dimensión o buscar otras. Y enseñarles la verdad de que el conocimiento no es solo el que tenemos impuesto por los que están en el poder, sino que el conocimiento está abierto y tiene infinidad de formas y manera distintas.

H: Según Castaneda: Nuestro mundo, que creemos ser único y absoluto, es solo un mundo dentro de un grupo de mundos consecutivos. Y, aunque hemos sido condicionados para percibir únicamente nuestro mundo, tenemos la capacidad de entrar en otros, que son tan reales como el nuestro. La única búsqueda de D. Juan Matos es la libertad. Percibir la naturaleza intrínseca de las cosas, es lo que los brujos llaman ver. Percibir energía directamente separando la parte social de la percepción. El mundo percibido como energía. Procesar nuestra percepción para cargarla en un molde, para ver objetos.

Tengo un vacío que se eleva sin espacio, sin tiempo. Tenía tu sonrisa encantadora. Pero para ser uno hace falta andar hasta perderse. A veces, tu sonrisa es mi llanto; y cuando soy feliz por un instante iluminado tú sufres mi concierto. -¡Ah! dijo el poeta: Vivo solo, pero soy dos anhelos.

Meta cognición: La capacidad de observar el propio pensamiento a medida que ocurre. El sueño lúcido. Pensar, no abandonarse al automatismo de la realidad. Cinemática.

El amor, suave resplandor. Ayer solo reclamaba un símbolo perdido por estar allí. El sol, dador de vida que nos entrega la luz y se va dejándonos en la oscuridad. Su fuerza inmensa crea y destruye la vida. Y la luna, esposa huida, que se fue del sol para eternizar la vida.

E: El mismo tiempo recorría/el adulterio/a finales de siglo/polvo de los archivos/Desaparecido/legitimaba/inestabilidad/familiar/hallar la imagen/ primeros siglos/cruel/asunto/condenaban al exilio/generaciones/siglo II/Claudio/bellas cartas/primeros siglos que se fueron/ imposible porque hay/una muer dormida en el tiempo/

Captación externa: cerebro anterior. Intelecto, espíritu. El intelecto se opone a las experiencias nacidas del sentimiento y las elimina por completo, aparta el acontecimiento de la materialidad en el cerebro anterior. Cerebro sensitivo es el que lleva el entendimiento al espíritu. El espíritu humano tiene la actividad de dentro a fuera, desde el cerebro sensitivo al cerebro intelectivo. Los acontecimientos externos van en el sentido inverso para que sean aprehendidos por el espíritu humano. La persona en continua observación de su propio ser y cavilando sobre sí misma personaliza al que lucha con la serpiente de nueve cabezas, a la que le crece una nueva cada vez que se le corta una. Su lucha no tiene fin, y no se puede apreciar progreso a favor del combatiente.

Abel. ru.Shin: Oskar Ernst Benhardt: 1.875-1.941. En la Luz de la Verdad. Mensaje del Grial.

H: El papel que realiza el actor en la vida no es que sea programado de antemano, ni políticamente ni psíquicamente, ni de ninguna de las maneras, pero una vez el sentido personal de ente comienza a despertarse las inclinaciones vienen por si solas tomando relevancia en la escena desarrollando, claro está todo el programa previsto para esas inclinaciones. En el desarrollo se pueden tomar tendencias más o menos influentes en el contexto. Estas tendencias tienen espacios de tiempo más o menos extensos según la longitud total de la inclinación. La mente en sí misma no tiene edad, pero en los tiempos que recorre, desde esos mismo estadios abroga las tendencias con las energía especulativas de la edad del sujeto, porque las neuronas y todo el sistema del organismo recibe una intensidad dependiendo del estado de ánimo y de la energía que recibe el organismo. Solo las reglas científicas constatables pueden realizar un camino intenso que va recorriendo el experimento con igual intensidad, porque los estados anímicos del científico no contribuyen a desarrollar más o menos desarrollo en la búsqueda, porque en ese caso una cosa necesita otra para ir acumulando el conocimiento para conseguir el siguiente paso. Entonces tendremos que reconocer que lo contrastable es un camino que se recorre con la mente, la suma de los conocimientos en la misma dirección hasta llegar a un resultado contrastable. Aquí los personajes se van sumando sin importar el tiempo ni la intensidad, porque el logro es una aportación, que si es individual ha partido desde una base d conocimientos científicos que siguiendo esa línea ha podido el científico dar el siguiente paso. Y todos los descubrimientos científicos tienen una dirección a la que hay que seguir porque de lo contrario no sería un conocimiento científico contrastable. En lo individual es diferente, porque cuando se investiga estados de ánimos o sentimientos o tendencias solamente utilizando la búsqueda de la mente poética o narrativa la resolución, si es que la hay, es una opinión que, como es deducible, puede ser diferente según el actor. Se emplean la metáforas porque lo que se persigue es una emoción o una visión más amplia de la realidad pero no de una forma matemática, sino que se propone un escenario donde lo subjetivo personal juega un papel dependiendo del sujeto que reciba el mensaje. Bien entendido que los escenarios se forman teniendo una idea general de la cultura y el nivel de desarrollo a quien va dirigido el experimento. Porque en la cuestión de sentimientos puede haber tendencias pero totalmente iguales no hay dos sujetos. Porque los agentes reciben sensaciones exteriores pero siempre hay una interiorización individual que es la verdad interior o conciencia del individuo. Por esa razón, aunque las tendencias políticas o religiosas llevan una misma dirección existen tendencias rameadas para adaptarse más exactamente a las sugestiones de los individuos que forman las tendencias. Aunque los términos son los mismos las variaciones hablan claramente de afinidades necesarias que, aunque guardan el motivo aceptan los caminos diferentes para llegar a lo sublime. Si es en la sociedad política los partidos siguen el mismo carisma que los religiosos. Todos buscan el bienestar social pero cada tendencia acepta sus leyes secundarias además de las obligadas de asistencia general. La diversidad del ser humano ha sido muy amplia a través de las historia, pero siempre ha ido dirigida al bienestar social y a encontrar una razón para esta existencia de la vida en el planeta. Hoy la cuestión científica se da la mano con la religiosa y cada vez están más cerca de aceptar que el hombre es una creación que viene de otra creación anterior de la que todavía no se puede decir el punto desde donde comenzó todo. Porque todo el mundo sabe que si aceptamos un principio deberíamos aceptar un fin y no aceptamos que algo estuvo ahí desde siempre. Podemos llegar a encontrar la molécula más primitiva de donde partió la vida, pero quién dio vida a esa molécula no. Es por lo que el ser humano cree en un dios que está por encima de nuestro conocimiento a donde nunca llegaremos por mucho que nos esforcemos. Y lo hacemos asó porque de otra manera no entenderíamos la vida en la tierra. Es posible que la respuesta a estas preguntas del principio y del fin se den solo en esta etapa del conocimiento actual, y que en una etapa más desarrollada no haya necesidad de este tipo de respuesta porque ya se habrá superado la forma de conocimiento actual.

A: Sobre el uso de la energía en los estados de ánimos es importante no entrar en los extremos pues desde esos extremos se producen síntomas extravagantes que una vez iniciados ya no pueden detenerse y la mente se suelta a los acontecimientos sin freno y se puede entrar en la esquizofrenia. Los estados psicológicos, cuando se inician debe, el que lo padece, buscar ayuda y si es posible intentar moderarse. Porque al principio estos síntomas se arecen a una tentación irrefrenable, produce euforia y placer, igual que cualquier droga. Y lo que hace el organismo es salir del aburrimiento y al entrar en un campo más divertido se tira a él de una forma frenética. Cree que eso es una vida que se estaba perdiendo y piensa que en el pasado estaba muerto pues no conocía estas maravillosas tentaciones. Pero los organismos cuando conocen esto no se conforman con mantenerlo. Sino que para gozar del mismo necesitan un poco más para llegar al orgasmo. Y es ahí cuando se entra en la adicción. La vida que vivimos es difícil mantenerla en algo que se parezca a la felicidad. Siempre son altibajos, o sentimentales o de adicción al sexo o al alcohol, etc. La armonía espiritual viene con una respuesta inteligente y una postura imperturbable a las tentaciones. Abstenerse de una droga da al organismo más que tomarla. Hoy en día los jóvenes de la sociedad de internet creen que han encontrado la panacea de lo mejor. Pero es lo mismo. Si se sube y se sube siempre viene la bajada al abismo si no se sabe subir y bajar. La vida más equilibrada es la de tener una mente alerta y al mismo tiempo relajada, saber que es un relax de un momento y saber que si ese relajo se mantiene se precipita uno a la adicción, que es la pérdida de la vida, de la realidad, del mundo del conocimiento y el equilibrio, donde se degusta la vida con un consciente alertado para no caer en la entropía. Y no es que todo en la creación son trampas para que nos desplomemos, no. Lo que ocurre es que la naturaleza misma es como una mesa puesta con todo tipo de manjares, pero si el comensal no sabe servirse de lo que verdaderamente le interesa caerá malo y puede morir accidentalmente. Y no es que sea una tentación fortuita puesta ahí para que yerres, sino que es puesto ahí para que escojas, para que aprendas a escoger, para que te hagas dueño de la vida. Bien es verdad que en la convivencia entre los sujetos se despierta la envidia y los consejos de un envidioso te pueden llevar a que te despeñes a lo insólito. De aquí deducimos que es necesario mantenerse despierto porque no es que el diablo esté atento para tentarnos, sino que la vida, nuestra vida, es algo que hay que vivirla con conocimiento, con estudio, con conocernos a uno mismo lo suficiente para que no nos engañemos ni engañar a los demás, partir de unas premisas en pro de la vida. Hay muchos que creen que vivir bien es gozar al máximo de todo y después morir satisfechos. Esas personas piensan como un bruto, no tienen idea de donde se meten y arrastran a los otros, porque lo que buscan es la sensación sin equilibrio y, por supuestos se despeñan.

El orden, el equilibrio, el conocimiento, el respeto a la vida y a los demás es lo que tiene más fruto, y el equilibrio para utilizar todo esto y más. El dicho de conócete a ti mismo es interesante, imprescindible. Pero conocer lo que produce las cosas en tu organismo es un método que hay que utilizar sabiamente para poder aprender sin riesgos innecesarios. Vivir conforme a tus posibilidades reales, saber lo que se tiene y partir de ahí hacia donde se quiere llegar, saber que esa meta donde se quiere llegar puede ser una trampa. Hay que reconocer y estudiar en profundidad cómo nos vamos a sentir una vez hayamos alcanzado lo que nos propusimos, porque si no conocemos bien hacia donde nos dirigimos podemos entrar en un buen chasco y habremos perdido la vida o parte de ello en un engaño. Y existen sujetos, y esto sí se puede llamar demoníaco, que se han equivocado en su vida y, para consolarse en su derrota buscan inocentes para contaminarlos y arrojarlos al abismo. Eso parece que les alivia del dolor que sienten por haberse equivocado en la vida, y culpan de ello a la sociedad y van por ahí con máscaras para que no les detecten el odio y el rencor que tienen contra la vida y a los inocentes que viven en babia los inician o en las drogas o el robo o en la violencia, y así ellos se pueden camuflar entre los perdedores, o hacer bandas de ellos para destruir la vida con su rencor, de ahí la gran tragedias de jóvenes con cualidades que se meten en la droga, no para conocerlas con asertividad y adquirir ese conocimiento, sino que se meten para encontrar una felicidad por encima de los demás y ahí perecen con los dolores y las frustraciones más terribles que jamás se puede imaginar. Y sabemos que grandes pensadores han usado el opio u otros para poder estudiar sus efectos, y saber dónde está el umbral que no se puede pasar, porque pasar a lo otro sabemos por experiencia de otros que entramos directos en el infierno en la tierra. La droga más fuerte que hay y la que produce la mayor felicidad es la vida en sí. No hay necesidad para encontrar sensaciones que la misma vida, nada de drogas entrópicas. El triunfo de la vida es la verdad de la mente, el conocimiento de nuestra naturaleza y la del mundo en el que vivimos y buscar la causa por la que existimos y debemos respetarnos y sinceramente ayudar a los otros y a uno mismo. Con eso tenemos todo en abundancia, llenos de belleza, de todo lo insólito que puedas imaginar. Las drogas son para reduccionistas, sujetos que no tienen la grandeza de de vivir. La vida nos aporta todo lo que necesitamos, nunca nos miente, cuando entramos en el error nos enseña el camino amargo que nos espera, y quien sigue en ese camino se puede considerar que es falto de entendimiento porque no ve la verdad que tiene ante sus ojos. Dicen que buscar la verdad está en uno mismo, pero digo que la verdad está en la vida y en los otros además de la reflexión que hacemos para orientarnos. Siempre hay que poner en nuestra mente un ejemplo de personas que han vivido inmerso es una vida y tomar de esas experiencias lo que verdaderamente te guste. Si te vas al desierto encontrarás arena, y si es eso lo que vas buscando estarás en la verdad, pero si no sabes lo que buscas y te encuentras en un avatar la culpa solo es tuya. La reflexión antes de iniciar un camino siempre es buena, y además cotejarlo con la experiencia obtenida de tus vivencias. La mente siempre te guarda orientaciones para ayudarte, pero a la mente hay que mantenerla informada al día para que pueda serte útil. Si no ejercitamos la mente se convierte en un fardo inservible. La mente hace a veces lo que un ordenador, busca el programa con atención y reflexión y dependiendo de cómo la tengas engrasada te dará las soluciones y podrás navegar por ella cada vez mejor si sabes usarla. Cuando te has encontrado a ti mismo estas reparado para vivir en la eternidad.

H: La exploración de la vida, nuestra creación, está plagada de nombres de personas ilustres que han sembrado d conocimiento con sus búsquedas mentales y sus publicaciones, como Descartes o Platón, Aristóteles, Beltrand Russell, Castaneda, Sócrates, o el mismo Parménides. Estas visualizaciones del tiempo y de las formas de vivir y del conocimiento en general están ahí desde siempre, inclusive antes de que se inventara la escritura, con los orates y los rapsodas. En realidad todos estos aspectos de la vida son sol ventanas aproximadas que nos pueden ir bien para cobijarnos antes de que se despierte nuestro ser interno. Nuestro ser interno no nace en el nacimiento del niño cuando sale del vientre de su madre, sino que su alma, conocedora de todo, hace un intento más para ir despertando a su realidad. Esa realidad de las almas se produce cuando el ser ha llegado a su cenit, y entonces no necesita un cuerpo para existir, porque el alma puede escoger cualquier cuerpo para vivir en todos los posibles mundos que nos imaginemos. Muchas veces cuando la ciencia informa que han descubierto un planeta y dicen que no existe vida en él, pienso que solo buscan una vida como la nuestra en los otros planetas, nunca han pensado que ese planeta tiene esa forma de vida desde la cual, como desde el nuestro, la vida se puede ir transformando en lo que desee. Lo cierto es que nuestra existencia es un intento realizado por una voluntad, y este intento podría haber sido de otra forma, de otro modo de vida, pero ha sido este. En la creación inmensa existen infinidad de modos de existencia, con su evolución hacia donde esté programado por la fuerza que existe en ellos mismos. En la proximidad de estos mundos o creaciones particulares siempre habrá un punto en común para que esos mundos puedan relacionarse. Pero se tienen que dar las circunstancias especiales para que ello se produzca. En nuestra historia hay muchas teorías que pretenden explicar el todo desde el punto de desarrollo en el que viven. Y hay que contemplar que en ciertas etapas no se pueden responder a ciertas preguntas porque el entendimiento no ha llegado todavía a la respuesta. Si vemos desde la prehistoria el hombre no podía responder ante los fenómenos, lo achacaba todo a cuestiones divinas o de dioses, y no les faltaba razón, porque el conocimiento total es donde habitan los dioses después de haber recorrido en la existencia todo el conocimiento. Pero esto es muy distinto de lo que dice que es el Edén el hombre actual, Dicen esto como una aproximación desde el conocimiento que posee. En realidad deberíamos tener mucho tacto de donde ponemos el poder de la existencia, porque el poder de la existencia ya existe y no necesita un poder representativo en ninguna de sus creaciones, como será fácilmente deducible. Sobre nuestro planeta los grupos de poder son solo colaboradores que con su esfuerzo, unido al de todos, hacen que funcione el planeta. Estas funciones en la tierra se tendrán que aclarar conforme vaya pasado el tiempo y se vaya adquiriendo conocimiento. Veremos, y el supuesto poder verá, que la recompensa está unida al descubrimiento, y que ese es el mejor pago que podremos tener. La convivencia más alta entre los sujetos del planeta tierra está en su colaboración y en conocimiento de que todos vamos al mismo sitio, y que ahora no lo entendemos porque hay muchas cosas que todavía no se han aclarado en nosotros. Habrá sido producto del miedo o de traumas y que el hombre ha ido y va a la recuperación despejando la niebla, pero no para encontrar un reino como ellos suponen aquí en la tierra, sino algo lleno de luz, luz infinita en la que se vivirá la vida verdadera, que se logra con la unidad y el reconocimiento de la verdad. Todo vendrá a su debido momento. Hay una frase que dice: Los últimos serán los primeros en el reino de Dios. Pero la interpretación de esta frase no se ha hecho correctamente. Quiere decir que: Los últimos serán los primeros, y es verdad eso, pero los primeros también serán los primeros, porque en ese otro estado de evolución no habrá ni últimos ni primeros entre los hombres porque todos serán los primeros en su labor. Tan solo ahora, en estas circunstancias de egos y de miedos, hay un estatus porque las necesidades lo exigen, cuando vayan desapareciendo esas necesidades no tendremos necesidad de admirar a nadie en concreto, sino a nosotros mismos, que se puede entender que al admirarnos a nosotros mismo lo admiramos todo. La evolución es perfecta y todo ha sido necesario hasta llegar a donde estamos. El futuro lo tendremos que ir descubriendo, pero no hay ningún temor porque no existe posibilidad de engaño, porque el engaño es solo una ilusión transitoria. Bien es verdad que con una frase o un comportamiento estoico nada se conseguirá, porque lo más sensato es realizar la tarea por la que estamos aquí y esperar la verdadera vida en donde las ansiedades y los sufrimientos no serán necesarios porque estaremos en otros planos donde estas cosas se habrán superado. Lo más importante es saber que los sufrimientos y las enfermedades se pueden prolongar si no realizamos la labor que tenemos que realizar. Cuando estemos en el camino el premio lo recibiremos todos, nada de buenos y malos. Lo bueno y lo malo es un tanteo para tomar el camino acertado.

La energía de los universos se mantiene informada para la vida. Ocaso último que siempre ha existido. La conciencia de los sujetos que son receptores de energía de un campo que no es ajeno a su propia existencia. ¿Cómo ocurre? –Es la conciencia despertada con su caudal pre consabido, la conciencia despertada desde su inicio por el torrente de energía. Podemos pensar que el ser humano es una parte que absorbe su energía del cosmos, y que la suma de esas partes es el total de la energía que mueven los sujetos.

Dionisio devorado por su propia jauría. Goethe: He aprendido a vivir. Prolongadme, oh dioses, el tiempo. Los que tienen el demonio activo creen que la vida no les enseña nada, ni la creen, por lo demás, diga de ser aprendida. Tienen el presentimiento de una vida más alta por encima de toda percepción e experiencia. La acción es llamarada. La naturaleza demoniaca desprecia la realidad que conocemos. Ponen el arte por encima de la vida y la poesía por encima de la realidad. Instinto de los animales, observar más a los animales. El beso d la amistad. El amor es absolutamente psíquico, todo lo demás no es más que instinto. Distintas especies en la creación: Psíquico, físico y espiritual. El instrumento deformado. La vanidad. Culpar a lucifer para disculparnos. Aquel que por cierto temor no quiere percatarse de nada. Canto antiguo español, audifonito mozárabe de León XII. Cántigas de Santa María de Alfonso X el sabio.

Lessing, el hieratismo y el grafismo románico por contraposición crea el horror por el gótico. Lógicamente su postura no es más que una sentada en un espacio de tiempo que espera ser esfinge dibujada en un poco más allá con bruma y algo, no tan poco de misterio. Redoblar las campanas acompañando a los centuriones de capas pardas en el desfile del enseñe de fuerza y firmeza y después horrorizarse ante los ángeles acaramelados de la perfección manierista. Arrobado por estas ideas y blandiendo el ego, necesariamente saliendo del yo primario constando en primer término de necesidad la prioridad de mantenerse sobre la balsa de arrobarse a ser mediano entre lo románico y lo teutón, yace o se levanta. Ante esta postura Su rostro penetrable y aparecido concebido por Anton Graft no deja lugar a dudas que el intervalo debe dar un giro emulando uno u otro estado de la posición que se desvela. O evitando la cabeza del concilio y atrincherándose sabiamente en otros más pertrechados como el propio Descartes. Y es que en este combate las dos serpientes esperan un descuido para penetrar con su veneno hasta las arterias del poder resolutivo.

H: En el mundo de la ilusión siempre hay uno que es ilusorio, y otro, que también es ilusorio pero que mueve las reglas del repartimiento. Ubicado, claro está, con el esoterismo y el andar cerca del calor del poder que equilibra su balanza a fuerza de buenas intenciones. Así la ingenuidad primera y la ingenuidad segunda se compaginan y forman un grupo el cual produce seguridad bajo los temporales de frío y nieve. Y dado que la ilusión solo debería habitar en las mentes de los infantes nos sorprende ver que algunos todavía, en sus años ya entrados en canas, se mueven en ese mundo mágico de las finanzas. El poder crea alegría a su alrededor y la festejan mientras el rey no se haya desplomado en la veracidad del tiempo y del espacio. Pero como siempre hay un responsable después de todas las campañas, normalmente van por el que produce más perplejidad. El círculo encantado nunca sufre aparentemente los emites del temporal. Todo está bien sujeto y la reunión, con su canto de paz y su desesperanza se dirige al país de nunca jamás, a Citera, olvidada ya de sus espartanos y entregados, los citerenses a la diosa Afrodita urania. Por lo visto una vez se sale de Cietra nadie puede llamarse a engaño, excepto los testarudos que se creen van a perder algún dominio aceptando la letra tal como es y la niegan, aunque dando esperanzas en el tiempo de que algún día cobrarán por las miradas aprobativas que han dispersado a los disolutos jefes.

A: El camino se ha reflejado en mil pedazos/de un originario espejo, y nos enseña, vil moneda/partes del hombre en busca del hombre, fundamental/ hazaña que nos describe, críptico y confortable,/la nomenclatura excluyente del vacío de los necios.

Risa./ Sonrisa que despunta./Vacío, nada, regreso./

H: Todo el acontecimiento puede llegar a ser una volición de la mente. Todo lo que desees lo encontrarás, explicaban antiguos pensadores. Si nuestro mundo se creó por un deseo y en realidad se está convirtiendo en un problema para muchos habría que pensar que la creación se va formando a medida de nuestros deseos. Y parece ser que el sufrimiento de unos puede estar produciendo la felicidad en otros y que la volición al estar dividida se convierte en algo ingobernable colacionando esquizofrénica sin tomar ningún camino definitivo. Se ha convertido en un juego peligroso para la existencia misma de la vida. Pero tenemos el racionalismo, filosofía argumentada por René Descartes, además del empirismo que es el conocimiento obtenido por la experiencia en el sentido de toda la percepción. Si nos extendemos a campos más amplios obtendremos diferentes fórmulas de crear la posibilidad y la vivencia de lo que se encuentra y reúne las condiciones de vida en la existencia. La creación como ya sabemos tiene una normas, leyes o pautas por las cuales hay que transitar, so pena que en constructos más complicados las formas básicas cambien a un estado irreconocible por las percepciones que utilizamos en el presente. Pero habría que ajustarse para vivir la realidad a los programas ya iniciados, y tratar de cambiar o adaptar las partes para que realicen tareas ajustadas a lo que verdaderamente busca el ser humano que es el que tiene que vivir, tiene el dolor de la vida y la imaginación para cambiar las reglas y adaptarlas. El racionamiento acepta las ciencias exactas principalmente las matemáticas porque expone que los sentidos nos pueden engañar. Si estudiamos a la mayoría de los seres humanos nos damos cuenta de que sus actos se derivan generalmente por los sentidos, y que el razonamiento científico, para la generalidad de los sujetos no es más que un emporio intelectual que está ahí pero que no sirve para vivir, porque piensan que vivir dentro de unas reglas estrictas no serían felices, aunque en la vida de los sentidos las carencias son mayestáticas. Una de las realidades extrañamente del ser humano es que si una corriente es buena la otra tiene que ser mala. Es una costumbre desde siempre, y es algo que ha golpeado al hombre a través de los siglos. Ahora parece que están entrando en aceptar que hay que coger de las partes del conocimiento y de los sentidos lo que se necesite para el momento, y que todo es válido en su justa medida. Lo que buscan las tendencias es convertirse en imprescindibles y que soslayen todas las demás. Pensée sur la religión et autres sujets de Blaise Pascal.

A: La definición de organismo es la asociación de elementos que dependen para funcionar unos de otros, formando un todo dentro de un complejo. El campo de actividad del organismo produce un efecto fuera de su contorno. Puede modificar otros campos fuera del contorno de acción. Para eso utiliza elementos conductores que conectan al organismo con otras fuerzas que al funcionar provocan resultados fuera del organismo y de la fuerza conductora. El organismo puede ser autónomo, o sea que se nutre de sí mismo para conectarse con los demás o dependiente, que necesita una fuerza exterior a él para ponerse en funcionamiento. Aquí no vamos a tocar la fenomenología ni las casualidades, sino la causa y el efecto. La causa por sí misma o por otros agentes exteriores. Se puede dar el caso que al organismo no le funcione un apartado dentro de sí mismo. Entonces la conexión no se produce. Las partes deben funcionar correctamente para, una vez que se conecte la energía pueda desarrollar su labor. El problema puede se ambivalente, o que se sitúe dentro del organismo, algún órgano defectuoso o fracturado, o que la energía que le llegue para ponerse en marcha sea defectuosa. Estas son las circunstancias más elementales de la función. Cuando el complejo recibe oxígeno, agua, gasolina, u otro combustible se inicia. No se inicia cuando el vacío impera en el ambiente, porque la gravedad y la manera que existe en nuestro planeta están todo conectado para que se produzca el fenómeno. Contando con la creación los organismos son de muy variada labor. El animal, por ejemplo, sustrae del ambiente alimento, que en su interior transforma en energía vital y comienza a vivir y desarrollarse dentro del medio que no le es hostil. Si al animal no le llega su nutrición en poco tiempo perece. Una máquina no recibe alimentación especial y no realiza ninguna labor. Entendemos que los animales y los aparatos, máquinas y todo ser viviente necesita nutrirse del planeta, del medio donde vive para interactuar. Estas son las bases primarias de la vida. También existen bases secundarias que se refieren a cuestiones más subjetivas como es el pensamiento y la manipulación del medio y de los objetos mismos. Y llegamos a los seres humanos con inteligencia que una vez están nutridos y viven se preocupan por crear un medio ambiente favorable a través de normas para mejorar la calidad de vida. Esto no está resuelto dado que la problemática de las relaciones entre los seres humanos es muy amplia y no llegan a un acuerdo en cómo van a solucionar los problemas que aparecen, pues lo conforman un pueblo extenso con muchas necesidades que ya no son materiales solamente, sino de sigo psíquico o espirituales. Nos vamos a centrar sobre la supervivencia d los organismos simples y sus necesidades. Para ir desde lo simple a lo más evolucionado.

H: Sobre el amor y el odio. La cultura desde siempre ha dicho esto es bueno porque le gusta al sujeto pensante y ha dicho que lo otro es malo porque no le sabe bien y no les interesa. Lo uno hace que se desarrolle felizmente y lo otro destruye dolorosamente. Lo que el ser humano pensante, dialogante cree que debe hacer es poner lo bueno en un sitio y lo malo en otro sitio. Pero la experiencia nos dice que l que era malo ayer hoy es bueno y viceversa. ¿En qué nos quedamos? —Lógicamente en la renovación y en la adaptación de las cosas para poder llevar la vida adelante. Hay cosas sencillas que al sacarlas de contexto se convierten en pura metafísica o ética, o espiritualista. Pero lo que nos dicta la experiencia y los resultados obtenidos es que hay que ser asertivo, y que por alguna creencia antigua o ética, por no cambiar algo porque lo dice la tradición, si hubiésemos hecho eso, no estaríamos aquí todavía en la vida. La cultura es necesaria, pero la adaptación de todo a preservar la vida es la opción más inteligente, eso no quita que después hay que retocar las cosas para encajarlas o embellecerlas es una práctica positiva, sino no se pierde el sentido de la realidad. Las pasiones extremas nos han llevado a la libertad y nos pueden llevar a la ruina. El mundo es así. La filosofía, la metafísica, el razonamiento, el empirismo, la ciencia, etc. están ahí, pero de todo eso hay que hacer un uso comedido y positivo para preservar la vida y el progreso. ¡Cuántas culturas florecientes no han caído por tierra por la cerrazón de los que han ostentado el poder en ese momento no se han quitado de en medio dándole paso a los que verdaderamente eran los más aptos para gobernar.

A: A veces la trayectoria mental del hombre se desinfla y se empobrece por las normas aceptadas y cumplidas. La mente no quiere esclavitud sino libertad. A través de la historia del tiempo y de los acontecimientos y sus fluctuaciones e influencias a posteriori el hombre, ha tenido que preguntarse por algo más. Y ese algo más no le ha gustado que se encuentre dentro de unas reglas a veces asfixiantes y obsoletas. Y es necesario decirlo, es el inicio d la fiesta, donde el alma baila por bailar y ríe por reír y llorar por llorar. Es la entrega a lo inmenso desconocido olvidando la medida y el orden, dejando lo lúdico, a veces peligroso a que aflore a flor de piel. Esto ha ocurrido en las épocas anteriores y ocurrirá en las épocas posteriores. Es ese fulgor oculto en los brillos de las retinas que cuando miramos a alguien sabemos que está ahí, que al menos una parte del ser pertenece a la vida sin más. Y después del movimiento intelectual e industria, de los cálculos de crecimiento y adaptación de la sociedad a un programa pragmático, he ahí que el poeta se planta y grita por encima del raciocinio y por encima del orden filosófico, la tortura del querer y la valentía de la emoción entregándose más allá de la destrucción del cuerpo al amor, inmolándose si fuere preciso. Fue ahí donde se puso una pica en Flandes y se pudo lo humano a riesgo de perder una batalla medida y bien medida. Se cobró su parte la poesía. La pintura, la literatura, el arte que había estado siempre sumiso al señor y a las riquezas, lo tira todo por la borda y saca al bardo para anunciar ese racionalismo iluminista. Sturm und Drang alemán: Goethe, Novalis, Hoffmann , Schiller y Hörderlin. Así recuperaron el espíritu originario del pueblo alemán. Es por lo que deducimos que la mente humana no se ha saciado en ningún movimiento poético o racional, que busca más allá de los conceptos conocidos y de las libertades conocidas. Deducimos que su camino está iniciado desde la base de la creación de las familias y su desarrollo. Es una búsqueda y no una solución han dicho intelectuales de las épocas, pero nadie ha podido descartar que un día se encuentre el camino por donde se pueda transitar hacia el futuro sin desesperarnos por la ansiedad de no saber si estamos en el camino verdadero. Y es que se necesita tiempo para saber qué es la felicidad y qué es lo que le produce la felicidad al ser humano sacia su mente. La familia ha constituido una base en este tiempo primario y difícil, pero sabemos que estamos a las puertas de otra cosa, donde el hombre tendrá que dejar un bagaje, precioso sí, y que ha dado sus frutos, sí, pero que se está desmembrando en la vida que depara el futuro a pasos agigantados. Ya no se necesitarán madres que tengan hijos sino que serán engendrados por otros medios más adaptados de ante mano al medio y con características más adecuadas. Y la vida dejará de ser tan terrible como ha sido en el pasado y todo parece que viene programado y bien programado, evitando la manera de los locos y de los dementes para que el planeta no se destruya, porque la tendencia de meterle la mecha y explotar el planeta para recomenzar la historia con todos los sufrimientos que tiene esto aparejado. Desde luego que el desarrollo se debería hacer sin traumas porque, nunca saldría bien con sacrificios, aunque algunas tendencias sigan creyendo que la vida se realizará por el sacrificio de unos pocos. No. Lo deseable sería el avanzar con total nobleza y sin mentiras y con el consenso de todos hacia un mundo donde no ocurra, como ocurre ahora, que muchos gozan con el sufrimiento de los otros y, eso hay que superarlo con conocimiento y con verdad, no con sueños estrafalarios de mentes enfermas o drogadas. Nuestra civilización tiene una oportunidad porque nos está dando goce y sufrimiento, y nos estamos dando cuenta que por lo menos sabemos por donde tenemos que ir para recoger el fruto deseado, tenemos una trayectoria casi infalible para predecir el futuro, y además, antes de que se produzca la enfermedad podemos tomar el remedio. Nuestros esfuerzos están dando sus frutos, y eso ya es una esperanza si contemplamos los tiempos oscuros del pasado. Y además el hombre está abierto más a ayudar que a destruir la vida. Con ese espíritu ganaremos la vida inteligente en el universo y esta vivirá en paz con la vida natural formando un todo que nos abrirá la realidad que desde que nos iniciamos en este mundo no hemos todavía encontrar la puerta por donde transitar. Porque todo cambiará, pero para que cambie todo hay que recorrer un camino y este camino no lo podemos entregar a algunas mentes enfermas que solo ven el lado contrario. Es por lo que el gran poder social debe estar alerta para actuar siempre en beneficio de la vida y ser y pensar con libertad y asertividad, no considerando al otro que no entiende como enemigo sino como enfermo al que hay que curar, porque se ha demostrado que la rama que no valía era la pieza clave y no nos podemos arriesgar a eso. Los poderes del mundo deben colaborar con los ciudadanos por encima de la verdad establecida y por encima de la mentira establecida. Porque engañar al prójimo para explotarlo en cualquier sentido es una pérdida de tiempo y de realidad. La gente debe saber que está edificando la vida y que trabaja para eso, y que o acepta de buen grado, que cree en eso, y debe entender que cada uno desde su sitio, en soledad o en grupo, debe colaborar en que los otros entiendan y escojan el programa por convicciones y no por leyes. Es la única forma de que toda funcione. Porque en tiempos pretéritos, con posturas saturadas de banalidad, lo único que se ha conseguido es enfrentar las fuerzas. Lo mismo ocurre en algunos países hoy. Hay mucho trabajo que realizar en la senda de la verdad, único camino que nos llevará a la liberación, y no podemos perder más tiempo en poner a los malos allí y a los buenos aquí. Eso ha sido siempre un error y siempre lo será. Al hombre hay que restaurarle su cordura mental y adaptarlo al trabajo, no matarlo o encarcelarlo, eso sabemos por experiencia que lo único que se consigue es acrecentar el odio y el enfrentamiento. Hoy en día, con internet, parece que todo lo que interesa es ser más que el otro, dejar en ridículo al otro. Porque hemos visto que la admiración y el premio se lo dan al más listo, al que tumba al otro -y eso es una aberración inventada por algunos que para reírse el último explota el planeta. Estamos en un punto que la camaradería verdadera que nos interesa a todos no va buscando al enemigo, sino ayudándolo para que vea la verdad. Y como dijeron y preguntaron que qué es la verdad, ahora no hay que responder a nadie, la verdad se siente y se vive. Nuestro último camarada y amigo será el último que hayamos ayudado a recuperar el camino. La vida está en marcha y esta marcha no necesita de aplausos porque los aplausos los sentimos cada uno en el corazón y en los sentimientos humanos, no necesitamos tanta propaganda porque para amar al prójimo que no está en el camino adecuado para recibir la vida lo único que hay que ponerse es a trabajar para conseguirlo. El camino ya está iluminado, no hace falta que toque el clarín para empezar, no hace falta que entreguemos nuestra vida por los otros, eso es una estratagema de especuladores. Lo que hace falta es reconocer quien está conectado y quién no, y no me refiero a internet, y además, y sobre todo, no enseñarle la verdad a nadie antes de que sea uno más en la luz. Esto se escribe como un recordatorio de lo que está funcionando cada día con más claridad. Hay que saber que la comunicación que se realiza, ya sea con padres, madres amigos o hermanos o enemigos tiene que ser la adecuada, y para saber si el otro está en la luz solo se descubre cuando se ve. No hacen falta grupos de fuerza ni asociaciones. Todo está preparado.

H: En la ética de Spinosa parece que la dirección esencial se dirige a que el horror y el sufrimiento de la vida en su relación con la naturaleza y con los pensamientos propios y las enfermedades que padece el hombre desde su aparición como pensante u observador, además de constructor, son cosas que a la larga se irán fundiendo con el todo, una vez que se haya adquirido ese estatus donde se haya superado la enfermedad y la muerte. Hay otros, cono Russell que no están de acuerdo con esa forma de superación o aprendizaje animalístico, y que lo compara con darle al animal un palo en el hocico para que no haga esto o aquello. Desde luego si no ha habido otra forma de enseñar que con la crueldad y la violencia implícita se tendría que cuestionar muy mucho al poder del que se llama dios omnipotente. Todo esto debe de tener otro tipo de explicación, pues no estaríamos de acuerdo con aceptar a un asesino como dios si ese dios hubiese tenido, según el poder que le otorgan, otro medio para enseñar. Ya digo, que la cosa tiene que ir por otro lado. Puede que la existencia que conocemos no tenga nada que ver con una mente todopoderosa ni con ningún tipo de dios que ordene y mande. El hombre ha tomado todo esto de su propio devenir, para instalar su especulación de supervivencia, diciendo que actúan en nombre de tal o cual divinidad. Fuera parte de estas especulaciones la realidad es decir con Descartes que estamos aquí, que existimos y pensamos, que evolucionamos y que tenemos un sentido de principio y fin de las cosas y que no tenemos una respuesta racional para ello. Eso es una verdad indiscutible. Lo que sí es discutible es el principio y el fin de las cosas. Las cosas no mueren, se transforman, pasan a otro estado. Y a través de diferentes transformaciones no sabemos si una partícula que fue parte de un humano no será con el tiempo parte de una montaña o de una estrella cósmica. Guardando el principio de la transformación, y aceptando el principio de que estamos aquí formados de partículas que forman al mismo tiempo un cuerpo con sus distintas funciones, y que en un momento que ese organismo deje de funcionar dejará de pensar, porque la formación anterior pensaba, y que las partículas se dispersen por el todo del cual provenían. Hay que ver todos estos fenómenos nada más que como son, sin ponerle tintes de decoraciones divinas, sino estudiándolas como son para buscar una verdad. La verdad puede encerrar muchas formas también, la verdad científica o la verdad espiritual o poética. To eso y más está en nosotros. Y Por eso, porque tenemos que sobrevivir, es por lo que tenemos que ir con cuidado y no mezclar elementos que pueden explosionar. Porque hoy en día ya no es necesario que explote la pólvora para saber, con un examen de la materia si explota o no, y explotarla cuando sea necesario y beneficioso. El problema vital que nos preocupa actualmente es la supervivencia de la raza humana, que por una parte se está desarrollando hacia la ciencia y la calidad de vida y por otra se está agrandando la mortandad y el sufrimiento. Esto es una decisión de las potencias de la tierra, es una decisión muy elemental porque el conocimiento que tenemos de la existencia es muy básico. Porque se ha contemplado que una élite viva bien nutrida, con su supuesta cultura y otra parte que perezca de inanición. La decisión puede ser errónea porque algo por encima de nosotros y que de hecho está en nosotros no creo que acepte que se mutile la vida por una vanidad vacía y ñoña. Y creo que si la naturaleza es el principio toda la naturaleza es importante para que se produzca el progreso de la vida, porque todo renace, y eso lo vemos todos los días, y lo que renace viene con su semilla. Y eliminar una forma sin saber lo que nos va a aportar después es como mínimo una imprudencia. El hombre actual es muy limitado todavía en sus conclusiones sobre la vida. Tecnológicamente hay un avance tecnológico que no pasa desapercibido por nadie de que es algo que viene de otro medio más desarrollado, y que el hombre lo está utilizando por medio de una información que le llega a través de la mente y de la energía. El progreso está muy bien, pero el hombre quiere dejar parte del invento tirado por el camino y que lleguen unos cuantos gloriosos diciendo que ellos han ganado la gloria. No se paran en comprender que todo es el conjunto, desde lo más mínimo de esta creación. Todo juega el juego de la vida, y sin todas las fichas no se puede jugar el juego, y haciendo trampas solo se vuelve desde el laberinto al treinta y, cuando se dan demasiadas vueltas en la tozudez del aparentar lo que se es denota que no se ha superado la timidez y que lo arcaico y el miedo nos impulsan. La cosa debe progresar con todas sus partes y con toda su energía intacta. Algunos dicen que todos somos iguales, y eso es otro error, Somos igual de necesarios para el proyecto humano pero cada uno en su sitio. Hay quien canta ópera a la primera y quien no aprende nunca. Por eso partiendo de una base de reconocimiento entre los hombres podríamos empezar ya el renacimiento hacia la vida verdadera. Porque si sabemos que el pasado fue de terror, de explosiones, nevadas y granizo, conocemos que ahora las cosa han mejorado un poco, pero… unos pocos no representan más que un cuerpo mutilado y no la grandiosidad de la creación, que si lo hacemos bien sabremos que nos hemos perdonado, que nos hemos amado y que la vida ha surgido, porque no podemos dejar un montón de cadáveres doloridos allá en un pasado que no contentará a nadie.

E: Son figuras en la Alameda de Hércules, nocturnas y sonámbulas. Flotan en la penumbra de la noche, y se acercan a las ventanillas de los coches más caros. Se besan y se pierden en la lejana penumbra: Buscan el orgasmo. Más al fondo, bajo una farola huida, dos hombres vestidos de prostitutas se besan. Son figuras relumbrantes bajo el gas y la llovizna. Es la noche cerrada de Sevilla.

H: Con búsqueda efectuada paso a paso por una memoria individual es posible crear una tela que recoja nociones aproximadas de una versión que se ha repetido en la mente, en la memoria, en los recuerdos de una persona. Pero lo interesante que los hechos reales son como un puzle interminable, que usando la metáfora mental del momento en el que se escribe se puede constituir en una historia interminable. O sea, por ejemplo, ver la esquina de una plaza donde esperan a sus clientes madamas del sexo por dinero, y mirar el cielo y ver la luna redonda en la noche, y pasar por allí para ver cómo se realiza el mercado de la carne, y escuchar frases que se dicen la dama y el cliente, puede, sin lugar a dudas, permanecer en la mente de un joven que sin experiencias de ese tipo, vivió por primera vez a corta edad, y que luego revivió en sus recuerdos la escenas; y buscando siempre algo nuevo puede que el joven llegue a formar una historia interminable. Vestir a la prostituta de princesa, comentarla como si fuera una princesa errante, imaginar que el cliente era su hermano adoptivo y que la luna brillaba roja o negra. En la mente todo con el tiempo se convierte en posibilidades, sobre todo si se utiliza la imaginación. Es importante que los hechos sean tratados de forma racional y asertiva, y que si se quiere obtener una novela reforzar la realidad con habilidades d escritor de entretenimiento, pero, si nos interesa ceñirnos a la realidad hay que contar con la imagen fidedigna del hecho, sin metáforas, investigar q los personajes sin imaginación, haciendo un estudio de campo. Por ejemplo, una vez visto el hecho y que ha venido a la mente sucesivas veces como preguntando qué es lo que vio, y que es lo que pensó de ello, y qué es lo que sintió el sujeto en el momento de presenciar la escena, hay como apunté, poner en orden el día, la hora, el lugar, quienes viven por el lugar, saber que allí se hace el comercio de la prostitución, conocer qué tipo de damas se acogen a este comercio, cuánto cobran por el hecho, qué tipo de clientes van a contratar, y saber si es un sitio típico de la ciudad, y conocer el hotel donde fueron esos que el sujeto vio de joven, y si es posible realizar el mismo periplo que hizo el cliente, desde la esquina hasta el hotel donde se realizó el acto. Así se puede crear claridades en el recuerdo y sacarlo de la subjetividad, que es seguramente lo que la mente estaba preguntando para darle a la sensación de recuerdo oscuro un matiz de realidad, y aliviar la subjetividad que, probablemente estaba produciendo una labor destructora que desde el pasado podría repercutir en la calidad de vida del presente. Los recuerdos desde la temprana edad del sujeto que quedan en las mientes están ahí porque necesitan una especie de aclaración para convertirlos en material racional para desmadejar en cierta medida inseguridades que a la larga influyen en el proceso de desarrollo de la mente adulta. Esto se ha realizado mucho en el psicoanálisis, que con ayuda del terapeuta, el sujeto va contado la historia hasta que llega a la catarsis y a la liberación del tapón que obstruía el normal desarrollo de la mente. Estos casos son excepcionales, casos que los tiene que llevar un profesional, pero casos menores lo puede arreglar el sujeto, que puede acostumbrarse a auto examinarse y así la mente, el cerebro, aprende a caminar y cuando va encontrando situaciones a lo largo de su vida, tiene el sujeto, material con que aclarar las cosas. Y la vida se convierte en algo digno y natural, porque se está en el camino que uno conoce de antemano. Es como aprender a sumar, cuando se aprende se puede uno a atrever con cualquier suma, y si algunas son muy difíciles, se conoce d antemano que hay que consultar con un especialista, que con la iniciación ya aprendida por el sujeto, le resultará al profesional resolver el caso y poner en situación formal al paciente. La cultura está para eso, para evitar las encrucijadas que llevan a la vida a un oscurantismo donde no se puede vivir con salud mental, provocando en los sujetos que traten de arreglar estas desviaciones con la ayuda de algún elemento amigo-negativo que te diga, por broma macabra o por hacer daño por envidia, que todo se arregla con la droga, el robo y la violencia y, a partir de ahí el sujeto entra en un declive casi insostenible provocando sufrimiento y decadencia en él mismo y en las familias. Es siempre mejor en todos los sentidos, cuando el joven no tiene claro un camino consultarlo con su familia o con amigos de verdad. Aprender la forma de encarar las situaciones dentro de un plan, como el que expuse arriba y llevar ese plano presente para los nuevos acontecimientos que siempre surgen en la vida. Así uno es asertivo, la gente te aprecia porque no eres un vacío burlón, y la vida te regala felicidad a lo largo de los años, mientras que si se vive gozando de robar y maltratar a los semejantes se termina en el infierno más negro que se pueda pensar y la vida entonces no merece la pena, convirtiendo tu camino en un hacedor de desgracias ajenas, oficio que muchos jóvenes aceptan para reírse del mal o con el mal, creyendo que el goce y la risa le durará toda la vida, pero... cuando el espíritu del mal te ha sacado toda la energía te tira como un trapo al sufrimiento eterno, eterno digo porque estos pobres caídos contaminan a sus hijos que los imitan para evadirse de la responsabilidad de ser justo y equitativo con la vida. Y los que desde el principio se crean una vida sana tienen un futuro de felicidad, conocen la vida y crecen con ella, en el amor de sus amigo y familiares, porque, si ponemos en comparación de quien mata a un gato de una pedrada en la cabeza y quien recoge al gatito y lo cuida y le da de comer, a la larga, lo más seguro es que el primero termine arrepintiéndose de haber nacido y el otro rodeado de amigo y feliz de estar en la verdadera vida. La tentación viene del que está leproso y no quiere ser el único que esté leproso y contamina a todo el que puede para pasar desapercibido. El que se deja contaminar siempre es un grado más negativo del que lo contaminó, por eso lo hacen. Pero si sabes descubrir al enfermo no caerás en la trampa que te tiende, y le ayudarás informando a las autoridades del peligro que la sociedad está sufriendo por tal individuo, habiendo contribuido con tu gesto que puedan curar al sujeto peligroso y a mantener limpia y turgente y activa tu aldea global. La tentación se esconde en la maldad, en esos sujetos que en vez de investigar las cosas las hacen por un fatuo placer momentáneo.

A: Los estoicos. ¿Qué importa si mi familia sufre, yo puedo ser aún virtuoso. Sed indiferentes respecto de vuestros amigos. Nada finito sucede por sí mismo. Parménides y Spinosa. Lo considerado finito puede ser, y de hecho lo es, creo, solamente aparente. Lo que se transforma parece que termina, pero en realidad sigue siendo parte de la transformación. Dancing to the end of love. Tony Judt: El Refugio de la Memoria. Mnemotécnico. Construir en la mente un chalet como refugio de la memoria. La historia de los golpes y de los ruidos (Incluidos guturales) para recabar energía se dan en las viviendas comunales. A veces se realizan inconscientemente pero otras se hacen con la intención de captar energía del receptor del mismo. Son inconscientes cuando los receptores no se da cuenta que le están sustrayendo energía, y son conscientes cuando al realizar los ruidos manipulan la mente del receptor. El receptor puede ser consciente o inconsciente y puede doblar o rechazar la intromisión. Se puede cambiar la dirección de la energía que se percibe a través del ruido cambiando el punto de encaje.

Crear un almacén en el cerebro infinitamente reorganizado y agrupado con una fiabilidad razonablemente infalible. Pensar en los espacios donde se realizan los hechos del pasado. Traer a la imagen mental personajes del pasado real y personajes mitológicos, recuerdos vividos y recuerdos imaginados. Intentar recordar a personas que has conocido intentando conocer lo más detalles posibles. Tratar de describir la personalidad del individuo del pasado y tratar de comprender el motivo de sus actos. Tratar de conocer el estado de ánimo que el que te encontrabas cuando ocurrieron los hechos y estudiar tu reacción. Reconstruir la situación social y política de ese tiempo pasado y cómo esto pudo influir en los acontecimientos. Hacer un resumen de los conceptos en los que tienes a tus amigos y familiares. Y averiguar el motivo que tuvieron las personas con las que tuviste relaciones sexuales o de otro tipo. Todo esto ayuda a entender que las cosas fueron así pero podían haber sido de otra manera.

H: Salvando el espacio necesario para, entre tubos y microscopios, para ver lo oculto al ojo humano, hay, sin lugar a dudas, que aproximarse todo lo posible, para que no se pierda el núcleo de la verdad demostrable. Hay momentos que la claridad en la exposición dificulta la comprensión del sistema en su totalidad. Y es necesario hacer preguntas y preguntar para centrar el programa y, hacer comprender a las dos partes, a la que se informa y a la informada del experimento para que se produzca eso tan necesario de entender por donde sigue la línea madre. A veces se pierde el científico, por ser muy expeditivo, en no llegar a expresarse con claridad. Muchos inventos o descubrimientos han quedado ocultos por su esoterismo soterrado, porque el investigador daba por entendido, que el otro, estaba a su misma altura. Es por lo que expongo que a veces, para conocer si el otro programa está a la altura hay que iniciar un diálogo inteligente para hacerle ver al receptor la luz, sencillamente, como la mente de un niño. Y hacerle pensar y cuando piense andar sobre lo que ha pensado e investigar doblemente el campo de su conocimiento, que el alumno haga de su pensamiento una trama por donde pueda discernir y ocultar, si llega el caso, para discutir el descubrimiento con el propio descubridor, para que las mentes estén en concordancia y así, entendiendo los pormenores, sin ensanchar el campo innecesariamente, ir avanzando, dejando fuera de la ciencia todo lo psicológico o lúdico, creando una base inamovible y demostrable. Cuando tenemos los dos campos, el inventor le realiza una prueba de fuego al alumno y le da el norte del asunto que luego saldrá como solución exacta. Una vez que a tomado nota de la información le informa que divida l que tiene para saber si es apto para tanto agrandar como achicar el experimento, creando así el camino de ida y vuelta para poder seguir avanzando y retrocediendo cuando lo necesite el informe. Y por último le exige que olvide todo lo que intuyó, todo lo que pensó cuando todavía no tenía datos prrecisos, y le advierte que desde ese momento hay que actuar con las reglas dadas. Entonces el profesor le hace una prueba y le responde, después de haberle preguntado y no haber tenido respuesta, acertadamente. Cuando el ayudante se admira del conocimiento le explica cómo l ha hecho, la trama, pero no le dice nada más, para que en adelante de la investigación se fíe y se adentre en el tema con el estudio hasta que al final lo entiende todo, sin haberle explicado el método lo ha conseguido a través del camino recorrido ajuntando con enjundia y explorando por sí mismo. Cuando los resultados de la búsqueda de maestro y alumno son iguales se ha producido la comunión del conocimiento. Y esto, qué duda cabe, que se consigue con el trabajo asertivo y la comprobación de los resultados exactos: La matemática y la geometría se llevan la palma, pero otras técnicas, como la psicología o la narrativa en su cuerpo interno, está consiguiendo resultados muy apetecibles, y no por eso, disminuye su libertad de expresión ni su calidad de comunicación.

Podemos decir que, A sabe la actuación próxima de B en un porcentaje más o menos predecible, se puede llegar al máximo de predicción. Y que A desea cambiar la actuación de B. Imaginemos que A directamente no puede ordenar a B para que cambie de dirección. Entonces, si A ve necesario por alguna razón de que ve cambie su trayectoria tendrá que servirse de C para desviar a B, ya que A puede contactar con C. Pero, quede claro que C no tiene que saber el motivo por el cual A desea desviar a B de la trayectoria, porque necesita que C le realice un trabajo necesario, trabajo puente, para que A puede conectar con D. Pues D tiene en sus manos el poder para cambiar la situación que solo A sabe. En esta comunicación las órdenes no se discuten entre A y C. Cuando A da la orden a C, entonces A se siente liberado para realizar una acción que va a determinar la actuación de D. Y con la actuación de D, ya prevista por A, quedará anulada la acción de B, al demostrarle D que su acción ya no es necesaria tanto que él se ha ocupado de terminar el ensayo, y que en su actuación estaba implícita la de él otro, la de B. Quiere esto decir que se ha realizado el trabajo con la colaboración de todos los que han participado menos la de C, que la ha realizado D. Si C hubiese realizado su labor no tendría que haber realizado la suya D. El ejercicio es el mismo, pero la pureza no se ha conseguido, porque se han roto los tiempos y las maneras, ya que dos elementos tienen su propia personalidad y se ha puesto en movimiento una pieza, B, que no ha actuado, creando un vacío en su ejercicio, dando como resultado el la interferencia de D. Todo esto, promovido por A, que es el único que sabía de la participación de los personajes y su actuación. Por lo tanto ha promovido un cambio en los planes previstos. Y podemos por tanto asegurar, que los movimientos estaban intercalados y no se podía hacer de otra manera desde la intervención de C. Porque el contacto era directo entre A y B. La intervención de C y D fueron provocadas para conseguir un resultado distinto, tanto en el tiempo como también en el espacio. Si todo hubiese seguido su trayectoria inicial como estaba prevista, los personajes de C y D no tendrían que haber entrado en el experimento, y entonces los resultados no hubiesen cambiado. El cambio se produjo por la especulación y arriesgando posibilidades probables, tanto que en lo que estaba previsto de antemano, si no hubiese actuado sorprendentemente, aunque justificada, la actuación de A.

Maquiavelo, según la historia posterior dicen de él que es una mente maligna, pero en el fondo oscuro se utiliza ladinamente para conseguir los brotes del éxito en el hombre banal que cae en su seducción. En todos los tiempos sabemos que los más los y prudentes han cometido, prudentemente tapados al vulgo, atrocidades para llegar a ser importante en la medida de los abducidos. Porque los que han buscado el poder a cualquier precio son los que han movido el mundo, necesariamente para la evolución. Los pacíficos y bueno entre comillas son terminales que pueden destruir una generación por aburrimiento. Y no es que la lucha innecesaria sea positiva. Parece ser que Maquiavelo, arrastrándose y elogioso por extremos, persiguió el poder y al no conseguirlo escribió El Príncipe. Porque todo el que piensa se pone a él mismo como imprescindible en la creación, siempre por encima de los demás, y es lógico que lo hagan, es la única manera d que muevan la mano para vivir, porque de lo contrario, sin enfrentamientos de supervivencias no se bajarían del sillón. Hacer valer el equipo d poder es entrar en el todo vale, en santificar todas las banalidades. A través de la historia se han atacado los unos a los otros avivando la envidia con los triunfos de los otros. En realidad le debemos mucho a los banales, a los orgullosos estirados y a los que se han propuesto se genios y sabios, sin ellos no estaríamos en el reino de los cielos. César Borgia podría haber felicitado a un marido después de haber conocido. Los fracasos, si no te dejan exánime te impulsan con nuevos bríos. –Nadie volvió a llamar a Maquiavelo, Su Príncipe lo decía todo a las claras, era mejor tenerlo desterrado, apartado de las buenas manera de la política y de la religión, lo contrario hubiese sido demasiado peligroso –A Maquiavelo se le pasó algo por alto, y era su propia situación como personaje en el poder. Podríamos denominarlo algo iluso después de todo: A Dios rogando y con el mazo dando. Quizás por eso se dice que los últimos serán los primeros. A mí me gustaría quienes hacen la lista y con qué sentido, conociendo al homo sapiens supongo que esto de las categorías es solo una cosa para ocultar otra. Sería un dolo casi irresistible de risa endemoniada si los supuestos inteligentes y primerísimos en todo hubiesen sido especulados hasta el extremo. Según algunas creencias esto lo veremos el día del juicio final, cuando estemos todos descalzos y con saya blanco, muy bien alineados, como los pintan los pintores medievales, es espera del premio, algo semejante que las colas interminables que se ven hoy en día en las grandes urbes. La opción de esta vida es demoledora: Por una parte buscan la felicidad y por otra la venganza, siempre hay dos facciones que nunca se perdonan y se atacan de frente o por la espalda. Y al organizar las leyes, según quienes ganen, ponen trabas al enemigo. Solo la envidia transita en los dos campos hegemónicos. El triunfo de la simulación y la hipocresía va en aumento y de puertas adentro atrapan un poco de risa-loca cuando algún enemigo muerde el polvo por una pequeña equivocación ingrata. Cada año los grupos dicen que cuando ellos tomen el poder van a hacer esto y lo otro, y cuando lo consiguen sustraen todo el dinero. Y así sucesivamente. Cada vez dejan al pueblo más hambriento, y cada vez se les nota un brillo en los ojos de triunfador. Ya tienen al perdedor en su sitio y ellos son los elegidos. Y desde ese pedestal solo trabajan para mantenerse en la cresta de la ola, trabajo. Por otro lado, muy difícil de conseguir. Porque todos quieren tener a la mujer más atractiva y comer en los mejores restaurante y comprar las mejores obras de arte y salir en las revistas enseñando los dientes implantados con pericia de cirujano. Creo que para vivir en este mundo actual hay que hacer un gran esfuerzo para evitar morirse de risa. La risa es símbolo de poder, y hoy hasta los más desarrapados se ríen para enseñar que lo tienen. Los Médicis, fríamente, dejaron de por vida condenándolo al ostracismo a Maquiavelo. Decisión sabia, pues de lo contrario hubieran dado en el polvo con el poder medieval d Europa.

La necesidad de resumir en un principio absoluto el comienzo de la existencia es un mito que ha durado demasiado. El filósofo, incluido el ciudadano de a pie, desea darle un desde aquí y con esto se inició todo, y este todo lo contenía todo. Es una idea absolutista, y me costa, que ninguno o muy pocos se escapan de la idea general del absolutismo. Y la verdad es que para liberarse de esto es necesario tener en cuenta que las cosas pueden venir cada una de un grupo independiente que, en algún momento las más afines se unen, como unimos cualquier construcción y se crea una organización que realiza funciones. Quiere decir que los principio no son rastreables con el conocimiento con que los estamos buscando, que escapa del conocimiento que empleamos, con la forma de pensar que empleamoos. Basta con decir que esta sociedad se mueve por cosas que no son verddades puras, sino verdades especulativas. Y dentro de esa aberración, quizás necesaria por la supervivencia, no podemos obtener los principios que siempre estamos buscando para presumir, pienso, de virtuosismo. En la sociedad se busca la verdad, pero la verdad que interese, de lo contrario la apartamos y seguimos buscando, eso sí, si el camino nos llena el buche. Para el conocimiento de nuestra existencia se neesita la liberación de la mente, porque el cuerpo es una fuerza muy compacta y nada abnegado o creyente, todo lo contrario, superviviente y terminal, como siempre lo ha sido, aún antes de ser abordado por la mente. Estas cosas las tenemos que tener presente, porque el mundo era antes que la materia, antes de la existencia de hombre y antes de las necesidades que la materia necesita para vivir. Vivimos e un mundo material y todo debe estar tamizado por esa necesidad de vida y de procreación. Muchos ven la vida como mortal y es o un desconocimiento o una mentira de hecho. La materia no sucumbre, se inmortaliza a través de ella misma. La materia contiene todo Cuando dicen que alguien a muerto cometemos un error sin límites. En la materia están contenidas todas las posibilidades de vida de la misma. El ser humano en su vida desarrolla unas vivencias y se pone un nombre y unos apellidos, esto no deja de ser una espejismo, pues esa persona está en la materia realizada por la mente que es una realidad aparte de la materia. La mente es la que creó la materia, la creó vacía y después penetró en ella. Y vive en ella desarrollando el conocimiento, y utiliza toda la materia para hacrlo. Podemos decir que la suma de todos los seres que han vivido son un producto de la mente despertada en la materia, y no se terminan con la supuesta muerte. La gran seducción de la vida es la convivencia de la mente y la materia, ahí es donde está todo contenido, pero ese contenido no pertenece a ningún Dios, porque ese Dios al no tener principio ni fin, igual que la mente no tiene principio, porque el principio es una necesidad de la materia imbuida por la vivencia de mente que ha realizado en la vida que conocemos. Las posibilidades de la vida son infinnitas y es por lo que escribí que la teoría de Darwin no era correcta. Porque la metria con la mente pudiera haber comenzado por no tener un principio neardendal o de ser primitivo, podría haber empezado de otra manera, dependiendo de lo que se pusiera en marcha según el plan de la mente. Una de las posibilidades es que la mente quizo que la materia adquiriese conocimiento y que supiese valorar y sentir la vida en su medio, y así le entregó la posibiidades del conocimiento. Pero el conocimiento no es evolutivo. La mente le dio vida a la materia y conocimiento para que realizara sus necesidades. Y así se ha creado el mundo que conocemos dentro de la bastedad de la creación. Al obtener conocimiento del conocimiento mismo tenemos todas las opciones de vida. Y la materia se fue doblegando a la mente al iniciar su recorrido, porque la materia existía pero en la mente, y fue la mente quien la puso en acción. A partir de ahí, inmerso en un tiempo cronometrado por nosotros mismos, nadie querría en un futuro volver a vivir con el conocimiento que consiguió cuando murió, porque eso sería una imposibilidad, algo que no sería válido para vivir en la vida que vivimos y desarrollamos. Lo mismo que el hombre primitivo que murió en su fecha ancestral, cuando resucite, sería una mente primitiva, no válida para la vida. Hay quien dice que un mundo donde exista el paraíso todos nos entenderemos y viviremos felices, y que la felicidad es algo que nos haría vivir en el cielo. Esto significaría renunciar a todo, a estar verdaderamente muertos. La vida es goce y sufrimiento, alegría y tristeza, esa es la clave de la vida, y si llegásemos al paraíso perdido todos nuestros esfuerzos serían en vano. Todos los que están en el paraíso están muertos, quiere decir que no están, y todos lo que estamos aquí somos inmortales en la mente y en la materia, que es lo que somos y no debemos renunciar a ello después de tantos sacrificios y tantos placeres y dolores. Los trabajos de algunos para ofrecernos una sacralidad y omnipotencia no han sido más que soñadores, filósofos, quizás miedosos, o artistas surrealistas, con todo mis respeto, pero el invento lo vemos por la calle andando, con toda su historia y toda su valentía: El hombre, y no el mono. Como deía Gertrudis, un mono es un mono, un mono, un mono… Y no digo nada en contra de los animales, pero cada cosa tiene su cosa. A mí me gustan mucho los pájaros pero no por eso me lo imagino en una evolución que llegue a ser un intelectual.

A partir de ciertas dimensiones el átomo pierde su figura geométrica. Aunque Demócrito los consideraba esférico sabemos que las formas geométricas tienen un umbral para ser o no ser figuras. En la dimensión infinitesimal los átomos son solo energía que con su carga realizan una correspondencia con los que tienen conección, que son partes y forma de los conductores. El átomo no pierde su existencia por la división que se produce en ellos, sino que en una parte el átomo se transforma, no es que no se puede dividir. La función de las partículas tienen un recorrido que pasan de un estado a otro en un momento que hayan desarrollado una ejecución, pero no siempre lo hacen, sino que neesitan una tarea determinada para que se produzca el camibio. De toas formas, como es energía se acumula en energía de su mismo continente. Será quizás algo casi risible decir que cuando el hielo se convierte en agua por consumir calor ya no es más hielo, ero es energía del mismo sentido que era cuando era hielo, porque el hielo está hecho de agua, pero no hay que olvidad que para que se funda necesita calorías, calor, y el hielo cuando absorbe el calor deja de ser hielo, quiere decir que el agua que se ha producido en el deshielo no es exactamente la misma que cuando era hielo, porque cuando era hielo le faltaba al mismo calor, y el calor además de ocupar un lugar, transforma el agua obtenida de él. El problema de la ciencia en nuestros días es que no se tienen aparatos de medidas lo suficientemente sutiles como para detectar ciertos cambios. Y por lo tanto la ciencia utiliza unos medios muy rudimentarios con los cuales realiza sus experimento, aunque los científicos lo saben e investigan par desarrollar técnicas más elevadas para un futuro. El problema que puede surgir es que el científico se meta en un camino y quuiera sacarlo todo con la misma técnica, por ejemplo, la división de la partícula. Si no tienen en cuenta que las divisiones llegan a un momento que ya no se dividen más, eso no quiere decir nada. Porque se podrían dividir más pero esas divisiones no nos ayudarían en nada de lo que vamos buscando. Esto ha sido siempre un obstáculo en la ciencia, llegar al meollo. Y es que el meollo no existe, existe un umbral, desde el cual se va a otra parte, a un nuevo fenómeno, que como swe sabe, viene de unos cambios realizados. La partícula más pequeña no es necesaria hasta que un fenómeno lo necesite, pero no para partir de una medida última. Si nos percatamos en nuestra existencia no existen primeras ni últimas cosas. Todo está consolidado en un existir, y de un ffenómeno se pasa a otro y viceversa. Bien es verdad que se puede ahondar en los experimentos, pero habría que hacerlo cuando fuera necesario, no por conocer otra cosa. Se debería utilizar más la teoría que conseguir un experimento contrastado. Porque contrastar un experimento puede que no nos lleve a ningún sitio. De hecho, lo pongo como ejemplo, el hombre espera una oportunidad en su vida para ser feliz, para sentirse bien. Pero nunca ha pensado que la felicidad no es de la manera que un día lo fue por un acontecimiento especial. Cuando tenía dinero y juventud era feliz, y desean conseguir el mismo punto. Y es un grave error porque la felicidad actual, para que la consiga el sujeto, tendría que contener otros ingredientes. En ciencia ocurre lo mismo. Perseguir algo con las mismas herramientas de medir normalmente conduce al holocausto, la explosión y destrucción de la creación, por agotamiento y presión sobre un mismo unto completamente innecesario, ilógico, no deductivo. Cuando el hombre ha visto halgo extraordinario siempre ha dicho que es un milagro, porque no correlaciona lo que conoce con el hecho producido. Pero los milagros se dan, pero no son porque sí, sino que son otras técnicas aleatorias que producen los fenómenos, que mirado desde el exstrecho punto de vista de la matemática o la geométria no tiene explicación.

La explicación de la existencia se realiza desde el parámetro de conocimiento que se tiene en el momento que se expresa. Si Kepler descubrió que ls planetas se mueve en elipses y no en círculos, y que el sol no es el centro de la creación, ni el planeta tierra como deían los que creían que era el centro del universo no es más que unos de los millones de planetas que existen en el firmamento hay que tener no obstante, que en su tiempo se dijo lo que se creía, siempre según ciertas especulaciones, pero… qué está libre de la especulación secundaria de las cosas, tanto en arte como en cosmogonía, como en política, como en religión. La cuestión en el hombre es sencilla, busca su historia y además busca también entre actos en vivir, y, para vivir, según una mayoría,, hay que hacer ciertas trampas graciosas o a veces trágicas. Así es el ser humano. La verdad para ellos conlleva una gran cantidad de anexos que la decoran, porque sabe que la verdad es muy relativa y, que con la verdad que va descubriendo no se puede vivir en libertad, y puede ser que la verdad última, si es que la hay, asumirá el gran acto de hacernos felices y contentos. Es por lo que ser muy justo, extremadamente justo no deja de ser una tiranía, y para avivar la engañifa que realiza para reírse de los demás, que parece que eso los alimenta en cierta manera, se ríen del fracaso de los más abnegados buscadores de la verdad. Algunos aseguran que buscar la verdad es un bulo que todavía no ha entendido el hombre. Sea como sea, si no fuese por los inventos ciertos que el científico ha ido descubriendo a través del tiempo, casi seguro que bajo el sol todavía estarían lavando la ropa en los riachuelos y durmiendo en cuevas, cuando en realidad se comían los unos a los otros. El tema viene muy bien a la gran afición que tienen los humanos a tener dinero. Porque el dinero les proporciona poder y placer. Claro y con esto, como el dinero y el poder se puede obtener por la violencia y por grupos de poder sin conocimiento pues se somete al planeta a unas penurias para la base que no ha querido o no ha podido obtener el poder y que malviven en la miseria. Aquí podríamos decir que la sociedad de hoy se puede estrellar en el veneno con el cual ha estado a punto de caer en el pasado con las famosas guerras mundiales. Es lógico que en democracia hay que respetar las reglas, pero si estas reglas producen más que ninguna antes establecidas miseria y sufrimiento sin precedentes en el hombre deberíamos cuestionarnos cambiar algunos planos de esta democracia vendedora de que su método es el mejor. Cuando acuna tantos fallos sería necesario intentar cambiar esta famosa democracia por algo más positivo para los seres humanos, pues como el amor es ciego, la ley también y el mismo poder también se le deberían poner ojos y oídos a los que dirigen esta civilización porque, se se muy claro que la prehistoria está llamando a la puerta y si no cambian las cosas el planeta cansado de soportar los obsesos de los dirigentes haga lo que hace a menudo, explotar y cuenta rasa y a buscar otra vez refugio en las cuevas. Y por lo que vamos descubriendo en la espeleología, no es la primera vez que lo hace. Y lo que más resentido está actualmente es la ofuscación de las mentes. Ya no hay una cabeza sana, quien no está tocado de manera natural le venden una píldora y lo convierten en un lelo de fin de semana. Dada las circunstancias, el hombre, cada día, se fía menos del hombre, y con estos con estos vientos algo habría que hacer, aunque no deberíamos decir que la tierra es plana y que el pasado fue mejor, pero no estaría de más tomar lecciones del pasado simplemente por tomar ciertas experiencias del pasado y comparar con el presente para poder comparar y tomar la tendencia mejor para la vida.

Institucionalizar la igualdad. Anthony Grafíen. Delicuescencia. = A ha sufrido una mengua por B. Y B: Lo sabe, lo ignora, lo utiliza para conseguir sus planes personales. −A descubre que la mengua no viene verdaderamente de B, sino de otra fuente oculta, aunque no descarta la culpabilidad de B por omisión consciente. −La verdadera fuente de donde parte el problema no es fuente si no se reconoce que la misma fuente de la que se cree ser la partida o el inicio del proceso no es un ente solitario, único, sino que está influido por numerosos acontecimientos y lo que se ha producido es un evento importante, pero no nacido en el y por el. Tendríamos que decir que se ha dado después de la andadura de los acontecimientos. Es por lo que cuando se descubre a un culpable y se le ejecuta no estamos haciendo nada, es como querer eliminar el polvo d la vida. Porque ese culpable es por donde se rompió la cuerda que nos mantiene en la vida. Y eliminando al sujeto que realiza la acción no arreglamos nada, porque, soo vemos al verdugo y a la reacción social, que en suma no tienen nada que ver con el acto. El acto está desligado del miedo y de las consecuencias, porque el acto es limpio, es una fuerza que viene de otro campo más poderoso que el de la existencia del ser humano. Para conocer el motivo de los asesinatos y de las ejecuciones aprobadas por la ley, tendríamos que dejar la ejecución en suspenso asunto, investigar, tomar medidas, pero tener claro de donde viene el acto y cuantos son los responsables que se haya producido el mismo. La lista de culpables puede ser muy amplia. La mayoría de los culpables no lo saben ni ellos mismo, porque sus actuaciones se han dado desde sus inconscientes, desde otra fuerza exterior a ellos, como lo mismo lo hace el ejecutor del acto. Nos sorprenderíamos al conocer quién es el que tiene mayor culpabilidad, porque de un crimen son culpables muchos de la sociedad en que vivimos. Si aclaramos el motivo, la razón nos quedaríamos pasmados de donde comenzó a cocerse el delito, consciente o inconscientemente. No arreglamos nada encerrando a los supuestos culpables, ni a los supuestos asesinos. La enfermedad tiene una raíz y esa raíz permanece libre, mientras los ejecutores pagan por algo que en realidad no ha hecho su consciente, sino que han sido manipulados por esa raíz a la que nadie cuestiona, porque se ha encumbrado en esta sociedad y se ha convertido en un honrado ciudadano, libre de toda sospecha.

Hasta que no investiguemos más allá de la especulación, más allá de las costumbres, en el silencio de la verdad, más allá de la fama, y del pago que recibe el hombre de conocimiento no encontraremos la verdadera vía desde donde se produce el crimen. Los que sufren quieren encontrar la verdad, los que son responsables de su sufrimiento. Pero para eso hay que investigar con claridad y comenzando por ellos mismo y desde ahí llegar a la raíz. Veríamos que la raíz es malvada, que es la que nos castiga impunemente… pero si profundizamos un poco más. También veremos que la raíz no es más que la maldad de nuestros actos. Creemos vivir en un mundo libre y con justicia, pero no hay que olvidar que es un mundo de consenso, donde lo que es bueno para nosotros lo consideramos bueno casi ignorando el mundo de los otros. En fin, esto es una aclaración que va más allá de la jactancia personal, más allá del egoísmo.

La claridad sobre nuestra vida de seres humanos, de su formación en el planeta, en el universo que lo contiene sabemos que es un proceso desde la partícula mínima hasta la formación de órganos y cuerpos que es una suma de elementos que interactúan en un solo intento de vida. La vida, por deducción entendemos que es una evolución, una evolución que se va adaptando cada vez al medio en el que vie el sujeto. Los elementos materiales se desarrollan aparentemente desde la materia y solamente la materia, pero lo que hay que tener en cuenta es que la materia contiene el espíritu y eso de darle un estado a la materia y otro a la mente es una posible realidad, que a estas alturas conocemos que están conviviendo y que la mente puede influir en la materia y viceversa. Quiere esto decir que el primer intento de la vida tal como la conocemos era la mente en todo el compuesto universal, y que la mente quiso realizar intentos de vida unificada en la materia. Si pensamos que este modo de vida es el único podríamos estar en un error. La construcción del ser se ha realizado como se construye un robot, con todas sus posibilidades probadas y pensadas para que se desarrolle en el medio. Además de otorgarle las posibilidades de adaptación incluido en su formación. Quiere decir que el ser humano conduce y trnsforma, y contiene en su construcción todas las posibilidades en potencia para desarrollarse, pero en esta dimensión en la que vivimos, la mente está ligada al experimento de la vida. Los seres humanos pensamos que la vida es tal y como la ve. Que lo demás no es vida, que la inteligencia es solo patrimonio del hombre. Todo esto es una posición reduccionista. Las posibilidades de vida pueden ser infinitas, pueden ser de infinitas formas. La mente no tiene materia pero tiene conocimiento. Y la materia es adaptable a las posibilidades de la mente. El milagro de la vida que conocemos solo es una construcción. En un futuro la vida tal como la conocemos, por su calidad adaptativa, será de una forma que pueda vivir en el medio. Diremos que si vive la vida en un medio sin oxígeno, el sujeto estará adaptado para vivir sin oxígeno. La forma será también conforme al medio ambiente. De lo que deducimos que lo que somos ahora es más bien circunstancial que definitivo. La evolución de la vida es más como un laboratorio que va buscando soluciones, bien para vivir en la tierra o en adaptaciones a otras creaciones. Cuando llegamos a un planeta decimos que allí no hay vida ni la habrá nunca porque no reúne las condiciones necesarias. Podríamos decir que en ese medio, se necesita unas condiciones específicas para que la vida se desarrolle. Y no tiene en ningún caso que ser tal y como la conocemos en la tierra. Adaptarnos aquí al medio para sobrevivir es un elemento que poseemos en nuestra vida que se va desarrollando con ella. Por eso, el arte, la política, las leyes… son móviles que se adaptan a la circunstancia y no formas hieráticas y fijas. Lo mismo ocurre con la idea primigenia del bien y del mal. Lo que se queda obsoleto se convierte en un modelo destructivo, porque al no estar adaptado a la evolución la empobrecen y la aniquilan, produciendo un regreso a situaciones ya superadas entorpeciendo el progreso. Ha veces el progreso no es una verdad absoluta para la evolución, y se convierte en un obstáculo para el mismo. La construcción de nuevas leyes no quita que tengamos en cuenta las leyes del pasado y rechazarlas por ser pasado solamente. Del pasado hay que recoger para actualizar todo el contexto de algo que se dejó porque en aquel momento su desarrollo no sería conveniente o porque se desconocía sus posibilidades. Algo que conocemos es que nuestro conocimiento es relacionable especulativo y evolutivo. Hasta el momento no hemos tocado tope alguno para dar la vuelta. Parece que la inmensidad de la creación es tan inmensa que se puede decir que es infinita. Los conocimientos tienen una forma personal de mostrarse al individuo. Los caminos para encontrar las soluciones tienen que llevar la volición de querer encontrarla. Trabajar y buscar son unos elementos imprescindibles. Por eso cuando alguien dice que tiene la verdad absoluta deberíamos desconfiar, porque esa aptitud es la de convertir la creación en algo reductible, algo inanimado. Los conocimientos que tenemos en la actualidad se deben evolucionar, y lo que se va encontrando deberíamos contrastarlo con lo que conocemos y con las posibles posibilidades que tiene al ponerlo en práctica. Puede que algunos inventos hay que guardarlos para ocasiones en el que su empleo sea benéfico para la vida. El poder económico tiene que ir de la mano del conocimiento. Ya en el pasado, muchas civilizaciones se han destruido por ignorar el conocimiento y dedicarse a los supuestos placeres que no son más que ilusiones destructivas. Los verdaderos placeres están en el conocimiento y en el equilibrio de lo personal con universal. Es usual que para que el sujeto trabaje se le enseñe un premio, pero es mejor enseñarle el premio de verdad, que es la vida, la evolución, la camaradería. Porque aquí estamos para formar un todo, para descubrir una vida más adaptable al ser humano y todo lo que le rodea, porque sin todos no es posible esto. Cada uno en su puesto debería trabajar con este pensamiento de colectividad, porque el beneficio no puede ser individual. Cuando de la creación, como son los seres humanos no se reconocen como iguales las cosas no pueden funcionar. Sabemos que en un conjunto, si una parte, ya sea pequeña o grande no funciona el todo se para, porque se necesita que todas las partes estén activas. Ese debería ser el intento de esta civilización: emplear todos los medios en que los que estamos en el conjunto de esta vida trabajen con el mismo intento, cada uno en su puesto. Si no hay unidad y comprensión del asunto estaremos estancados en una vida casi ficticia. Y esto lo tenemos que solucionar nosotros. No nos vendrá como un milagro, porque el ser humano se ha convertido, en él mismo, y necesita saberlo todo, porque de lo contrario seríamos dependiente y la dependencia es esclavitud, se mire como se mire. Es conocimiento y la vida es de todos, como es de todos el planeta que hemos heredamos al nacer y en el cual vivimos.

Descartes piensa que la ciencia es una cadena de evidencias. Desde la más simple hasta las más complicadas. Si se parte de una evidencia simple y clara donde se ve el proceso sin poder denegarlo hasta la exactitud de la gran construcción que depende unos de otros los campos simples con los compuestos creando un cuerpo que se mueve por medio de una sincronización exacta y siempre en las mismas condiciones. Tenemos como ejemplo el cuerpo humano. Todas las partes del cuerpo están vigentes cuando el pensamiento pulsa una acción pensada. Pero en una organización tan complicada como es el cuerpo no se conocen los principios de origen. No sabemos si el pensamiento lleva en sí la orden antes de convertirse en acción y en palabras. Parece que primero hay una volición y que esta volición se traduce en pensamiento y el cuerpo interpreta el pensamiento, lo transcribe dentro del organismo. Pero la volición no está en el cuerpo. O si la produce el cuerpo la volición va al pensamiento, quiere decir que existe una parte del cuerpo que es creadora y conocedora antes del pensamiento. Se piensa que el cuerpo está íntegramente constituido de masa y energía que procede del universo, por lo que se puede deducir que fuera del cuerpo puede existir una madre que está en conexión mientras el cuerpo está operativo. De ahí podemos deducir que la inteligencia se empezó a desarrollar en el cuerpo con esta volición, esta demanda a la categoría universal, y además que este, el cuerpo, estuviese acondicionado para desarrollar el intelecto a medida que esa volición sale del mismo. Las religiones dicen que es pedirle al padre y se os dará. Más o menos es lo mismo, pero deshaciéndose de un poder representado por u dios, sino porque es el universo madre lo que está conectado con el cuerpo hijo que creó de su propia existencia. Puede ser que el cuerpo tal y como l conocemos no sea más que una de tantas posibilidades que posee la madre universal. Y quiero decir madre universal a la creación y no a una persona tal y como nosotros la conocemos.

La construcción metafísica de Descarte (San Anselmo). _La existencia del yo, la existencia de la materia, la existencia de los sentidos. De esto se puede deducir la existencia de Dios, pero, esta existencia de >Dios la sacan de contexto lo filósofos, para poner por encima de todo algo, y a ese algo supuesto le dan toda la potestad por encima del bien y el mal. A ese algo intangible que es dios lo ponen como escudo de otras creencias, y así forman un equipo de poder para defender o o eliminar a otros grupos que tienen otras creencias. Veremos que dios en el hombre es la justificación de una manera de ser y actuar. Vemos que el dios de occidente es distinto que el dios de oriente, etc. Esto quiere decir que dios es un invento de los partidos por dar una explicación a lo que nadie puede explicar todavía. Y por los que podemos ver a través de la historia estos grupos creyentes siempre han especulado al lado del poder no admitiendo objeción alguna e intentando parar por todos los medios a la evolución del conocimiento. Hay grupos que al ver y comprender esto, desmitificando a dios, crearon un partido comunitario en el que pusieron todas las supremacías divinas por encima del bien y del mal. Fue una especulación igual que fue la divina, la humana. El error que se puede ver en la mente pensante del ser humano es que separan la mente del cuerpo porque el cuerpo lo ven como desaparece con la muerte y desean que perviva eternamente. Descartan que el cuerpo es una existencia que contiene todo el conocimiento desde el principio y que cuando nace un cuerpo nace toda la evolución con él, porque proviene de la creación. Todo lo que vemos y sentimos y descubrimos es todo, nada está oculto. La creación d paraísos y otras mitologías se ha realizado para avivar la imaginación, pero no para meter toda la evolución dentro de un programa, pues si se realizara esto seríamos meros esclavos de una idea inamovible. Y esto es lo que persigue el grupo de poder, siempre lo ha perseguido de cualquier forma sin importarle las consecuencias, quizás porque las han desconocidos o por miedo o terror o por cuestiones temerarias. _No se debe olvidar que la vida es más que una convivencia. Es un enfrentamiento de dos cosas que en realidad no existen: El bien y el mal. El bien es lo que les gusta a unos y el mal es lo que les gusta al otro. Entonces inventan a dios y al diablo, llamándole dios a los que benefician a unos y diablo a los que perjudican a los mismos. La evolución ha demostrado fehacientemente a través de la historia que lo que era malo maligno en una época se ha convertido en santidad en otra, dependiendo de la cultura y sus evoluciones. Si el ser humano no se da cuenta por encima de tantas mentiras especulativas de donde están llegarán al Bing Bang, a la explosión que expande y atomiza a la creación, para, seguramente volver a repetir curso. Es difícil crear una existencia si esta se basa en que los placeres son violaciones de la convivencia y la libertad mantener encarcelado al otro, y la maldad la prepotencia bruta consciente e inconsciente. De momento nuestra existencia sigue, llena de invenciones de supervivencia pero, hasta cuando aguantará..? –Me pregunto. Hay otras soluciones más simples para mejorar la vida del planeta pero creo que es el miedo lo que se interpone, y es la desconfianza, después de los delitos cometidos, lo que hace al ser humano que piense que la salvación tenga que venir de otra inteligencia exterior a la nuestra, que es un error, porque eso sería renegar de lo nuestro, y lo que hay que hacer es encajar lo nuestro y si viene el susodicho dios de tantos o el diablo de tantos pues saludarlos e iniciar la evolución cósmica pero con nuestros principio humanos, que son infinitos por mor de la creación, y estar abiertos a convivir en libertad con otros mundos compatibles. Es tiempo de saber que la mitología y la imaginación ha ayudado mucho al mundo que conocemos, pero a estas alturas hay que ponerlas en su verdadero lugar, que es un lugar muy respetable por la energía que ha generado y genera en la mente humana.

Cualquier sistema natural hereda una memoria colectiva, tanto en el mundo inorgánico como en el humano, según R. Sheldrake. Ante esta iteración tendremos que aplicar los compuestos base para diferenciar las calidades del aprendizaje que se producen en las bases de las unidades. Porque la igualdad produce igualdad en la igualdad y semejanza en lo que es casi igual, y cuando se sea más diferente mayor será la diferenciación, porque todas las partes del elemento donde se produce el cambio por contagio lo nuevo entra e interactúa con elementos que pueden ser idénticos y por lo tanto producirán idénticas partes y semejante que entonces solo producirá esa semejanza según el grado de aproximación. Podemos pensar que si el principio fue una molécula desde donde partió todo el desarrollo de la vida que conocemos podemos asegurar que la vida se podría crear otra vez idéntica si llegásemos a obtener una molécula idéntica a la del principio de la creación, de lo contrario solo podremos crear mundos semejantes según las diferencias de la original con la creada. De todas formas el conocimiento que tenemos de la posible creación no lo podemos detectar todavía porque conocemos parcialmente la capacidad de hasta donde pueda llegar el conocimiento, si si este conocimiento llegue a tener fin, o más aún, si tuvo principio.

La decepción que se pintó en sus ojos. Neblina azul. —El método dialéctico de Sócrates es adecuado para algunas cuestiones, pero para otras no. El método está en armonía con la doctrina de la reminiscencia, según la cual nosotros aprendemos recordando lo que supimos en una existencia anterior.

-¿Qué es la información y... para qué sirve al ser humano? —La información puede utilizarse de infinidad de formas para enseñar y especular entre ellas. La información nunca es gratuita. Los beneficios d la información son inmensos. Toda la información persigue un fin, enseñar, informar... Para que después el que se informa la use como mejor le convenga. En el uso que se hace de la información está la ganancia del anunciador. La ganancia se forja cuando la psicología del informado relaciona la información con el objeto que persigue. Cuando se vende un producto se estudia una información que convenza al comprador. Y no se escatima sobre inflar la información para conseguir que el posible comprador se decida. En eso se utiliza la psicología. y las ganancias que se abstendrán creando una imagen de presentación.

_Química coloidal. Red Staut. La Dama del Velo: Parece que su marido, un millonario excéntrico y quizás celoso, le disparó con una ballesta en plena a su bellísima mujer, y luego, la desheredó dejándole el grueso de su fortuna a su querida. Aquí se puede suponer que el rico excéntrico sufriría una castración en su orgullo y sin más, este se vengó clavándole la flecha en su bello rostro. Arguyó que se le había escapado el tiro. Luego la familia se fue en busca de Nero Wolfe, de Archie, y demás consortes para tratar de llevarse algo de la sustanciosa herencia, pues a ellos, tres hermanas —Hawthorne- también las desheredó dejándole una fruta a cada una. Nero se iba al invernadero de la azotea para montar el plan del rescate de la herencia y quitárselo a Norma, la querida del acaudalado esotérico.

-La imagen que un sujeto exhibe a veces no está contrastada por él mismo. Esto le ocurre frecuentemente a las mentes que no contrastan la información que les llega. Esta información del otro puede deberse a la imagen que proyecta y al desconocimiento de la misma que hace prueba el portador. Ocurre que el otro se comunica con la imagen. Entonces su interlocutor , si no se apercibe de que no domina su propia imagen se relaciona con la imagen expresiva que tiene delante de sí. Es entonces cuando los dos sujetos llegan a conflictos de comunicación y a situaciones a veces insuperable. Conocerse a si mismo y saber quimagen estás proyectando al otro es necesario para conseguir una relación asertiva. Sujetos, sobre todo los menos formados, se regocijan de los otros sujetos que no se conocen a sí mismos y además no se controlan. Esto puede ocasionar enfrentamientos que están alejados de la convivencia exigible, pudiéndose por tanto llegar fácilmente a la violencia. Porque las críticas zahieren y al tener perdido el control se puede llegar a una violencia peligrosa, dado que uno de los individuos, o los dos, pueden llegar a estar fuera de sí.

Henderberg y la novela Román, la oscuridad y la luz, Federico Sehlegel y el método Brown, la búsqueda del grupo Jena, los complejos neuróticos en el sueño de la creación, Wackenroder y Tieck, Dorotea y Carolina, en ese halo de tristeza y fascinación por adentrarse por ver y adentrarse e Roma vestidos de flor… Los hermanos Aster facilitan y llenan de libros la soledad del soñador encerrado con la ventana de la noche. El ambiente se llena nimbado mientras los puños de los miserables entrechocan pensando en el patíbulo del arte. Hoffmann en su locura de búsqueda desenfrenada. Pleno de estrellas moradas termina alcohólico con un poema en las manos que el sepulturero, vestido de negro, escupe su tuberculosis sobre el sueño de Werther.

La asfixia se lleva a los poetas románticos contaminados al borde del abismo, y ellos, se lanzan al vacío con su violeta nimbado de carmín, al vacío de la noche acogedora.

La mente es algo que está ahí. Es una organización dispuesta a interpretar el inicio de la volición, y que esta la convierte en pensamiento. Además del pensamiento inmediato la mente realiza una investigación realiza una investigación para valorizar y saber de dónde proceden vienen las voliciones mismas La actividad informativa primaria vino del exterior a la mente.

Si llevamos nuestra memoria a Mendel, Entonces llega Rupert Sheldrake, nueva ciencia de la vida. Lo nuevo y lo viejo siempre han estado ahí, según por donde se abra el estudio. Y lo que desconocemos también está ahí. Pero hay que hace una aceptación, y es que no es que las cosas estén ahí desde siempre y que nosotros solo descubrimos como antropólogos o buscadores de tesoros ya ahí. No. Porque la opción no tiene límites, porque si los tuviera la vida, nuestro mundo se habría terminado. Por consiguiente las opciones infinitas te dan la posibilidad de llegar a estados totales sin que participe el conocimiento tal y como lo conocemos. De ahí que las tendencias totalitarias de un plan se contradigan s se conviertan en obsoletas. Todo lo que sobrevive con un plan predeterminado se convierte en inanimado, en pasivo, en materia que otros devolverán a la acción cuando utilicen su fuerza dormida en nuevos experimentos. Y aclaremos de una vez que la tendencia actual tanto religiosa como científica es decadente, porque se utiliza como única alternativa, lo mismo hacemos con el hombre, lo consideramos una totalidad verdadera y única, siendo, sin duda, una opción temporal dentro del camino que estamos recorriendo. En un futuro no tendremos que satisfacer nuestra vida como lo hacemos ahora, será una evolución, pero una evolución con sus mutaciones. Y la vida tal y como la conocemos ahora habrá desaparecido en el camino. La angustia del hombre actual se refiere a satisfacer sus necesidades y a dar una explicación de la vida en la que está inmerso. Eso es interesante pero, al salir de sus ubicaciones en las cuales se debe mantener, pues la angustia se produce para alertar del error donde entramos por cerrazón de seguir una senda además de inaccesible no necesaria para el plan que se está dirimiendo y viviendo. El problema se produce en la mente cuando el sistema se abisma. Y muchos creen que cuando se encuentren las soluciones se encontrará el sosiego.

Si la definición de la libertad… etc. Cuando dos sujetos asertivos que conocen su lugar en la sociedad se juntan su relación es fácil. Y si sus conocimientos son similares se produce una comunicación efectiva-positiva. Sin mareos ni trampas. La imagen se retoca para producir un efecto, y a partir de ese efecto producido se inicia la manipulación del incauto que ha caído en la trampa que de antemano ha preparado un maquillador en psicología cognitiva- Forzando la empatía puede ser dueño de la situación. –Para estar libre de la máscara que enseña el especulador lo primero consiste en conocerse a uno mismo, así sabremos como descubrir al especulador y, siendo fuertes para tomar decisiones sin violencia. Si no es estrictamente necesario. Porque el sujeto de la máscara puede estar en un periodo de conocerse a sí mismo y siempre es justo dejar espacio suficiente para que el individuo, por lo menos, respire. Los extremismos son siempre malos consejeros si no se tiene una campo claro de la situación y sus consecuencias.

Michiel Coxcie. El Tríptico Morillon. (Hosden). Museo de bellas Artes de Bélgica. (Felipe II) El misterio de la pintura: Tiempo temperatura movimiento. Ilota, siervo de Esparta.

La grandeza si se refiere al espacio debería mantener una disposición ascendente y expandiente sin eliminar la sustancia hólica del conjunto que la forma. Esto no restaría nada a la miniatura, porque la miniatura guarda los mismos conceptos que la grandeza, siendo los dos partes igualmente importante del conjunto que las contiene. No se tenga por grandeza o miniatura a dos cosas que se pueden comparar y uno es más grande que otro. Porque la comparación se debería hacer con las mismas materias o conjunto programado teniendo en cuenta las característica de su formación. Diremos aquí que el ilota era un siervo, un esclavo, pero no podemos decir que era inferior o superior a un gobernante o político famoso, porque si damos prioridad por su importancia el esclavo no tiene que ser menos que el señor. Las cuestiones de los lugares que ocupan, el ilota y el señor, en la sociedad, son distintos, nada más, y si ejercieran cada uno en su puesto su trabajo con conocimiento y libertad no los distinguiría nada ni nadie en importancia. Quiere decir que los triunfos los festejan quienes los ganan, pero el sujeto que es cabeza de pirámide de una organización no sería nada sin los otros, los que están formando el cuerpo de la pirámide que han sido los que han dado, con la colaboración de todos, con el culmen final. Y digo que los grandes políticos y grandes genios no serían nada sin el medio ambiente que los envuelve y sin la colaboración de los que se nutren. Es por lo que no se debe llamar triunfador al individuo que se visualiza en la cumbre, sino a la civilización del momento en que vive dicho individuo, además de él mismo. Es por lo que no deberíamos permitir que los miembros de la comunidad estén mal tratados o mal nutridos y mal informados, y que la especulación humana de la supervivencia, a estas alturas, debiera obviarse y entrar en una época más racional y equitativa para todos.

Mañana de invierno. El violín sobre el frío, el cielo gris, el viento arrecia moviendo las hojas de los naranjos. La fachada rojiza con las ventanas cerradas… No se escuchan los pájaros. El alma, aún dentro, todavía ofrece algunas deleitables fantasías. –Este invierno me invita a mirar el pasado y a sentir la lluvia llamar en los cristales: ¿Para despertar mi juventud? –Veo pasar a dos muchachas entreteniendo su entusiasmo. Desde mi ventana las veo pasar y recuerdo que fue un niño lo que me abrió esa sonrisa en mi corazón. Ahora el cielo está cerrado en esta mañana de Enero, en este Sur de Sevilla.

En Nombre de la Rosa. Enamorado de su trabajo que era quizá su única fuente de placer. –Se entrega a un pecado de la carne para satisfacer una apetencia sexual. –Espera caminar meditando sobre aquellas extrañas relaciones. –Jorge abruma a Adelmo con reproches que le llenan de angustia…

Nunca que dice Ames. Firmado ha que lo declara Ud. Puede. Ud. sabrá ya como. La segunda risa es tirar el alfil, verdades que estaban ocultas en su uniforme de marfil negro. La cordura del alfil vestida de locura por el gerente cuerdo, ya promovido por los suyos. Es una prueba hasta Septiembre para ver si logra satisfacer nuestra nutrición de hombres de bien, de jueces veraces e impolutos. Luego sí, le daremos el cargo hasta la última oportunidad, si antes no tenemos que pasar a la segunda fase de la seriedad y realizar la pantomima del alzamiento para salvar la patria. De todas maneras nos tenemos que nutrir. Todavía no ha llegado el cargo de oriente.

Mientras se vea la risa tonta y nutricia. Mientras los angelitos rían por las calles cogiditos del brazo estaremos a salvo. Hay infiltrados en las familias, los infantes se extrañan que los piquen en las trituradoras. Los infantes están alarmados porque han descubierto la sonrisa en las caras de sus creadores. Oh, los infantes están solos después de haber sido líderes de todos los ejércitos al descubrir a sus progenitores sentados como ilusos con la rueda del volante en sus manos…

Pizzicato. Se salvó el poeta migrador porque descubrió la cara de pantera de la supuesta amante. Des Faicans. Y ellos esperan con su mente masturbante en los sofás de cuero con el whisky en el vaso para descubrir la intrepidez del escritor que bebe mate y se hilara de cocaína Son los muertos de la tarde esperando al ángel para reír su tortura. –Papá… ¡mastúrbate! –No nena, prefiero escuchar las ventanas con oídos dalinianos y desventuras de manglares. – dijo el viejo, Des Tuers, tous. Y siguió permutando como los hacen los parados, los que no tienen para drogarse en los tigres de Nigeria. Otra medalla por hacer el tonto durante ochenta años, por haber mantenido a los alacranes comiendo a modo… quizás envenenándose en los caros restaurantes donde los ingeniosos laboratorios de los restauradores liquidan entreverando el tiempo para ver la agonía de los que han servido. Oh!, pierde agua… Y pinchan con una sonrisa con el aguijón. Un gorila se duerme en los laureles y se lo tira al buche un león hambriento que ya ha defecado al guardián de turno. En esta hora del planeta las hienas se ríen a modo. Y su amigo, el frío ojos, le sirve la cicuta con una sonrisa cómplice, pensando en su señora tan linda, la señora del cliente… -Que otra cosa puede hacer un esclavo en este infierno de bebedores impertérritos.

-Los sonidos se escuchan por los caños por la inmersión. ¿Qué buscan los sonidos después de la causación formativa? Nos equivocamos en blanco. Miro hacia abajo y lo veo negro almendrado, como el chocolate de farmacología. Con sabor a… Ella sale con su diablo radiante y la coge un amigo por detrás y la deja semiinconsciente por el alcohol en una habitación de hotel de carretera, le deja cincuenta pavos para que siga comprándose caramelitos y un libro de yoga para que siga con el cuento de rehabilitarse.

-Cuando un punto de vista, sin respetar las reuniones de las puertas donde se refrescan con droga de mostrador, entendemos que ese punto de vista racional y consciente, debe explicarse al azar, saber que en el cuadrilátero del ajedrez el azar no existe porque debe explicarse. No nos baste con una palabra, un nombre, para guardar unos fenómenos que ocurren sin base ni control. Pienso que para que se dé algo denominado azar, dijo el joven licenciado en juegos de salón, doblando de una manera sutil los dedos que le causaron al mono vigilante un mal fario el que le hizo torcer su torcido perfil, luego el sureño encantador le hizo un monín que regresó al mono a su vigilancia de cortante mímica. Pienso, siguió el novio envidiado de Carmen, que para que se dé el azar se tienen que dar también ciertas circunstancias… Todos aplaudieron, excepto el circunspecto que no ligaba desde décadas, desde que insultó a un portero de futbol. –Y no me refiero a los juegos de dados, sino a los grandes descubrimientos. Eso no ha podido darse por arte de magia. Y se calló expectante para ver si el que liaba en rollizas carnes decía algo que pudiera meter en su dialecto, sacar tortezuelas de maíz donde se aclararan las noches erectas de perfil. Tuvo que mirar la libretita de la agenda para disimular… - Lo más probable, siguió en silencio el proveedor de alcoholemia, es que nuestra mente racional y consciente no haya reconocido el proceso ejecutado para que se haya producido el fenómeno o el acto. El sabio, con su batín de rayas limpiaba ruidosamente los vasos embabados sin su brillo cristalino, pero si estudiamos los eventos hacia adelante y hacia detrás, aquí hizo un inciso y pensó en lo bien que lo estaba pasado su señora quitando el polvo… descubriremos por qué no supimos lo que no era azar, sino que era previsible. A la falta de conocimiento no se le debe llamar azar.

Ortega y Gasset: La mitad de nuestro ser radica en lo que sean los demás. −Pienso que lo que somos depende de nosotros mismos y de la utilización que le damos al medio ambiente y al pensamiento que obtengamos de nuestras reflexiones. No se puede vivir sin pensar porque en una sociedad especulativa como la de este siglo todo radica en los beneficios materiales y espirituales que se obtengan en la lucha por la supervivencia. La felicidad es algo que hay que ganar cada minuto, cada hora, no es algo que se consigue y ya está. Y esta lucha no está solo en la mente y con los demás, sino que se realiza dentro de tu cuerpo. Todo organismo, tanto el físico como el mental, cada día está más despierto, y la felicidad muchas veces depende de otras personas que de uno mismo. Existen ideas como la existencia de la vida y la muerte que nos preocupan desde el principio de los tiempos, y pocas personas se han parado en ver que estas ideas son especulativas principiadas por grupos que se han servido de ellas para tener en sus manos el poder. El tiempo fue un invento cuando se fraccionó los cambios atmosféricos y la luz del día y la oscuridad de la noche. Después los humanos no se cuestionaron más y crearon las fracciones de tiempo que llegan hasta nuestros días.Se tiende a ignorar que el conocimiento no te da la vida, que solo te informa. Una persona es todo lo que ha vivido y sentido, la conciencia que se ha creado. Y todo eso no es más que una forma, que no quiere decir nada, que no tiene por qué ser eterno. Si dentro de diez mil años ponemos lo que somos hoy en día sobre el tapete nos daríamos cuenta de que eso no nos valdría para casi nada. La evolución de los seres humanos es muy animal. Su búsqueda se centra en perpetuar el animal en donde estuvo en un principio. Pero cuando despertó a la inteligencia tendría que haber tomado otros derroteros para poder vivir una vida superior y salir de lo material tan cambiante y tan doloroso, pero se han quedado varados en lo que suponen que son y por donde van no hay salida. La importancia para la vida eterna del hombre-animal en casi nula. El entendimiento que se nos proporcionó con opciones a evolucionarlo fue para que nos liberáramos de los lastres de esta vida de supervivencia animal. La nutrición de nuestros cuerpos es un periodo para alcanzar otra dimensión más cercana a la vida verdadera. Y eso implica liberarnos del estómago, de los vicios carnales que nos atrapan en el animal. Porque el futuro nos es de hombres, sino de la entrada en lo otro, y no en un cielo que nos dará un dios, sino un lugar conquistado por nuestro esfuerzo, nuestra evolución depende de nosotros, de nadie más. El gran enigma del hombre-animal se cae por sí mismo, es un engaño y una falta de conocimiento. Tal y como conocemos al hombre hoy en día es una tortura la vida. Nos tienen encerrado en una cultura especulativa dentro de un miedo cerval, y la oscuridad se cierne cada vez más sobre los seres humanos. La búsqueda de otros planetas por medio de capsulas es algo absurdo. Porque transportar lo material no debería ser un objeto de trabajo científico del hombre. El hombre despegado de lo material es completamente inmaterial, y ahí radica la vida evolutiva que tenemos que buscar para la liberación del animal que nos tiene encadenado a su conocimiento bruto. El ensayo sobre la materia ya debería estar en otro espacio más cercano a lo inmaterial, pero si proseguimos creyendo que solo la materia existe llegaremos a una entropía como una rosca pasada que si no tenemos otra opción el hombre material desaparecerá de la tierra. La evolución está en el desarrollo de la mente y no en darle vueltas a lo que conocemos. Lo que conocemos es un escalón para subir a la vida verdadera, pero el miedo de los representantes de la tierra tiene encadenado el sistema, dando vueltas sobre lo mismo: la materia; esperando quizás un milagro de otros planetas. Los planetas no llegarán aquí porque la vida evolutiva no está conectada con lo material. Está conectada con el pensamiento, con la mente. La opción material es lo que conocemos, no hay más. Si no entramos en la nueva era, si las mentes no se desarrollan para lo nuevo pereceremos atrofiados en la materia. Lo espiritual, la mente, es eterno. La materia es solo un programa de ensayo. Pero parece que los árboles no nos dejan ver. Hoy el ser humano-animal se está atrofiando por sí mismo y por los que gobiernan este mundo material. Dintorno, si miramos la línea del contorno desde dentro de la figura. Imagen de las formas constructivas de los espacios que ocupan los observadores, sabiendo o ignorando el exterior del dintorno, lo que está en el revés. Generalmente los grupos de poder se forman con puntos importantes a cumplir para que su fuerza crezca o permanezca, muchas veces ignorando u obviando todo lo que pueda dañar su hegemonía. Desde este punto de vista la verdad, lo verdad, lo bueno y lo malo se queda en lo relativo, en la conveniencia. La individualidad se queda por tanto en una opción arriesgada, porque al no tener respaldo se puede transgredir desde cualquier frente de los que forman los grupos. Inclusive utilizando a estos individuos de lobos solitarios, de peligrosos y extraños, por supuesto no dicen que los usan como chivos expiatorios para salvaguardar sus planes. Y no se puede estar en contra de los grupos de poder porque de ellos, de sus esfuerzos vivimos todos, pero cuando llega la codicia desenfrenada a estos grupos se convierten en verdadera lacra. Imagine que un grupo de orden social cunde el pánico a sabiendas ara después salvar a la sociedad y convertirse en héroes de la misma. Esto es la especulación que los grupos deben tener en cuenta para observarse ellos mismos y salvar su pureza inicial. al. Se puede pensar en la calidad de vida que produce un grupo, pero no hay que olvidad, en este dualismo planetario qué cantidad de miseria provoca es felicidad en los otros, en los que no pertenecen al grupo. Porque en el mismo grupo los hay muy felices y otros menos felices, dependiendo del cargo que tiene cada uno. Esto ha sido, a través del tiempo en la historia de los hombres, lo mismo, no ha cambiado nada en esencia. Siempre nosotros y ellos. Los que viven en la miseria y los que viven en la opulencia, los que ríen todo el día, y los que lloran todo el día. Y se muere de risa y se muere de tristeza... ¿Extraño? Pues lo mismo ocurre en las creencias del hombre, de su destino y de su procedencia. Algunos grupos se convierten en elegidos por un poder sobrenatural que nadie sabe lo que es y se ponen los componentes del mismo en ser los elegidos. A partir de ahí, se convierten para sus prosélitos en incuestionables. Les dicen que les pagarán cuando resuciten, que si lo dan todo les pagarán en la otra vida. Algo tan tozudo y tan extraño se convierte en un grupo tan antiguo como la vida. Se inició adorando a una piedra y después a un animal negro o azul, convirtiendo a sus componentes en adoradores. Algo tan rijoso e increíble se convierte en el grupo de poder más antiguo. Es incuestionable que la evolución ha necesitado de estos elementos para desarrollarse, pero a estas alturas, con las necesidades de las tres cuartas partes del planeta en la miseria, solo se puede concebir como algo ¿sádico? – Contorno, si miramos la línea de la figura desde fuera. –La realidad histórica ha cambiado sin haber conseguido aún crear su propio lenguaje. Esto nos informa que no se haya producido arte de magia, sino más bien que el proceso ha pasado desapercibido. Y conocemos además, que la creación hay algo más que el hombre, y que aún, saberlo el mismo hombre, que ha interactuado en un suceso en el que debería interactuar, pero que no ha sido consciente. Quiere decir que la creación utiliza en todo lo creado, y que al darse cuenta de ello, quizás pertenezca a la individualización del hecho cognitivo. Pero para ello el sujeto debe reunir ciertas condiciones de disciplinas y conocimiento. Y no es estar en el sitio, es estar en el sitio de una manera alerta, asertiva y observadora.

White Stones –The Secret Garden. Música celta. Lorenna Mackennitt. Nacimiento de Venus de Cabannet. Ojos inmensamente perspicaces. La buhardilla para almacenar los trastos. Y de lejos la luna dormía en su lecho de sueños inacabados: Briosos corceles. Un jersey al que tenía cariño. Ojo avizor mezclado con el afecto. Y recuerdo allí, solo la luna… Esperando al pintor. –Los miedos en la mente de Agatha llegaban al alma… -Cenaban para después salir convertidos en palabras, historias que en el acervo del lector se transformaban en miedos. –Es el regreso digerido.

La foto en blanco y negro de la máscara de Tennyson. Poesía por los 2003 en tierras del sur, donde el agua se esconde para dejar al parlante determinando puertos inacabados, expectantes de aceptación y amistad fugaz.

¡Oh, Pedro cruel espada!/ Espadón en línea/ Retrocede./ ¡Oh! aquí canta/ Versos de espada primigenia./ En el juicio / Acusaré tu locura/ O tu desfachatez./ Hombre sin reparos/ Y sin perdón/ Volátil/ Y acosado de ti/ ¡Oh! Pedro/ Al fin pescador.

Contra la tristeza y el desaliento tenemos el optimismo y la alegría, procurar los pensamientos asertivos y optimistas. Se sabe que los traumas son producidos en las mentes que no tienen una estabilidad emocional y un conocimiento necesario. A muchos que ponen su felicidad en el comportamiento de los otros y no en el de ellos mismos. Son los que marcan una pauta ajustando toda la convivencia a lo que a ellos les viene bien. Los que son acérrimos a estas pautas se convierten en dictadores egoístas que jamás se han cuestionado cambiar de aptitud para que la convivencia sea más verdadera, con la aportación de todos. Pero los que se creen en la verdad, se inventan un Dios omnipotente, lo interpretan a su manera y obligan a los demás a que comulguen con ruedas de molino. Esto es una marca de los grupos de poder que se forman con ell voto y no con la realidad. Porque un grupo de los denominados de izquierda o de derechas, si no tienen sentido de la vida es una lacra para las minorías. Y es lo que venimos padeciendo desde que el mundo es mundo Por encima de los votos está la libertad y la realidad de la vida, que es la verdadera búsqueda del hombre en la tierra. La evolución teniendo en cuenta el hombre y su circunstancia y no la ley que les viene bien a un grupo especial de poder. La democracia se convierte en una dictadura a través del poder incuestionable de los votos. Mandar por encima de las necesidades por las ideologías ganadas en las urnas. Si miramos el pesimismo y la depresión del hombre tendremos que tener presente que la alegría y el optimismo curan esta enfermedad, pero si la alegría la obtiene el individuo cortándole el cuello al otro hay que tener muy en cuenta a esos individuos porque su cura y su buen humor vienen de la masacre producida a sus supuestos enemigos. Hay que puntualizar: Es preciso poner la humanidad y la fraternidad por encima del poder falso. La gloria y el buen humor por encima de los cadáveres de los desahuciados. El mundo que tenemos hoy en día entre las manos es un mundo cruel y violento. Todavía estamos en el bosque primigenio devorándonos los unos a los otros, engañándonos y asesinándonos. Porque los animales lo hacen para alimentarse y no tienen raciocinio, pero el hombre lo hace para eso, para sentirse importante, estar muy contento con sus ingresos sin importarle en lo más mínimo la lacra que produce su alegría en el mundo. Sí, tener buen humor y alegría, pero no a costa de los sufrimientos del prójimo. _Redonda, enamorados, rielantes… jamás encontrada y nunca servida con tanta emoción. ¡Tan querida! En un círculo apetitoso, su amor, cuando le ofrece su mente de espina y largura, siente como un ser penetra y penetra y se le une a su a vida.

–Le dijo: ¡Te quiero! Y… brillaron todos los átomos alrededor del círculo nutritivo. -¿Quién era? -¿Estaban enamorados? Solo acierto a decir que en las estrellas su amor se nutría y se alargaba y que, con alguna lágrima les bastaba para seguir sintiéndose. –Cuando el otro desapareció ella acumulaba recuerdos para llenar el pensamiento de búsqueda. Y se preguntaba cómo empezó el idilio que los unía. –Nadie lo sabe, fu quizás un perfume o una confidencia…

Siempre que observo desde la opulencia a los que pasan hambre me acuerdo de ti, y no te culpo. La libertad es la adaptación del mismo potencial con variantes circunstanciales. El ignorante lo resuelve todo con una verdad incuestionable. La masa se revuelve y se desespera de ver la cantidad de figuras que se puede hacer con ella. Siempre tiene en mente la figura inamovible, la figura incuestionable, la que lo solucionará todo pero… esa nunca llega. Los matices que en el curso de nuestra existencia nos presentó de un mismo nombre… Ningún borceguí. Chiscones de zapateros o de sastres. El foni anunciaba al marqués de T. –Francisca llevaba un seguro de línea allí abajo. La historia se repite, decía el herido mirando lo cerca que estaba de su trágico fin. La viuda, el soldado, el amor, el desamor… Todo se conlleva con las ganas de vivir. Los nobles se casan con una rufiana para vivir momentos de variedad, porque su vida reglada los ha llegado a saturar. Y ella se ríe de él y él la mata. La historia se repite en diferentes personajes, que en el fondo son los mismos con máscaras diferentes… El logos de la vida en la historia necesita de esas aventuras para saciarse por encima de la monotonía que provoca el tiempo repetido de reglas y costumbres. Para la cantante prostituta el marqués es una atracción de feria constante y para ella él es el signo de la libertad por encima de las reglas opresoras de sus pares. Nunca acaba bien las historias de los marqueses y las furcias, eso es archisabido, pero se siguen dando, dando… Los monstros de la mitología salvan a la masa de la repetición respetuosa y ponen un poco de salsa verde a la rutina. Transgreden todas las formas llegando los taciturnos defensores del orden a mandarlos a paseo porque no pueden mantener cerca a quienes solo se mantienen observando una y otra vez el mismo orden sin transgredirlo, sin estudiarlo para ver hasta dónde puede llegar y en qué se puede transformar una sociedad mirándolo desde diferentes puntos y dándoles el poder a grupos diferentes. Porque la cultura se asemeja demasiado a los que la forman. La misma potencia de una cultura es diferente en manos de grupos diferentes. Esto nos alumbra para poder decir que la cultura es un conocimiento dentro de una creación ya en vestigios y que si esa cultura se lanza a otro espacio donde el componente es diferente, la cultura dará frutos diferentes, por decirlo así.

El arte era antes de patrimonio de los nobles, era como su documentación, la historia de su familia, un álbum de pinturas que representaban a su familia. El trabajador no consideraba el arte porque era algo que no iba destinado para él. En casa de los agricultores y otros no había obras de arte ni representaciones del mismo. Después de la llegada de la revolución francesa las masas se interesaron por las artes y el escenario del mismo cambió por completo. De la representación de lo bello y lo divino, así como de lo noble, el arte comenzó a representar objetos utilitarios y fiestas populares y míseros mendigos, así como ejecuciones. El arte había entrado de lleno en la política y en la historia de la gente del pueblo. En la actualidad el arte ha despuntado en las manos de los grandes inversores y nada más que se admiran los objetos muy cotizados, pues sus inversores no creen que haya arte allende de su patrocinio y cotización. Podemos decir que el campo del arte se ha extendido inmensamente y que la clase social bien situada puede comprar obras menores sin ningún menoscabo. Y esto es posible porque el arte va unido a la cultura, al conocimiento; porque sin estos la obra de arte se reduce a un campo mínimo. En la actualidad la obra de arte tanto en pintura como en escultura debe llegar al complejo cultural del espectador, y este tiene que tener un campo rico en cultura y conocimiento para poder hacer el viaje hasta la obra y su definición. Aunque para un grupo de esta clase de espectadores el arte se convierte en algo abierto, no se basa en una sola definición, sino que cada espectador tiene su propia historia acerca de la obra, eso sí, el espectador tiene que tener irremisiblemente una altura de conocimiento para empezar a navegar en las aguas del arte. El arte ya no es materia de éxtasis, sino de intercambio de sensaciones que se van desarrollando indefinidamente a la manera de la atención que ponga su espectador. Es algo sin fondo y sin principio, se ha convertido en la vida más importante del que lo posee. Porque al tener la puerta cerrada a los que no conocen la cultura del ser humano se ha convertido en adalid de la evolución. El arte acepta la figura pero también puede prescindir de ella, puede ser color o prescindir del color, puede ser solo sonido armónico o inarmónico Y es que el arte al evolucionar ha cogido lo de arriba y lo de abajo. Pero para llegar a su puerta y poder entrar hace falta tener historia estudiada y vivida, y poder sufrir y gozar con él.

El toro sale del toril,

Bravamente,

Oscuro y grande.

***

Buscaba tu sonrisa

Y tu alegría.

Y solo encontró

Tu ego absurdo.

***

Todavía hay

Libertad.

Todavía tenemos

Amor.

El depredador,

Hermoso, jovial,

Eterno...

¡Y quedó fascinado!

***

Soy un poeta

Que me entregué

A las soledades y al bullicio.

Que en el templo

De las letras buscaba

Tu alegría

Y mi alegría.

-Solo me quedó

Un verso:

Mi capullo en tu boca.

***

Bricolaje

-Y nosotros

Montamos

Un castillo..

Amplio y divino,

Espectacular… ¡Buen color!

Y es amigo con a y con o, pero…

¡¡Ay!!

Fue mártir

Antes de partir

El barco de recreo.

***

Tu acto

Perfecto y eficaz

Me cerca.

Metros de tiempo hueco,

De hez bocana.

Y tu acto de príncipe

Te llena de gloria.

Mientras yo

Estudio al milímetro

Tu corazón cobarde.

***

Si yo pudiera

Te pintaba los tobillos

Y te labraba la tierra.

-¡Si yo pudiera…!

Pero el trueno

Es solo un vehículo

De sartenes,

Un alero despierto

En la mañana...

Cuando el miedo ha sido

Despedido con una simple

Propina.

***

Sé que el dolor

Es una visita de cortesía,

Y que mi tropa

Está hecha

En ello

Y en la noche.

Apretando el corazón

Y solo

Siento mi cuerpo.

Perdono mi cuerpo

Que me produce

El placer de echar

Un futuro

Que lucha y ama.

***

Eres el otro

Y el otro

Y el otro.

Y... yo soy

El otro.

Y ella es

Única.

No recuerdo su nombre. Está en la norma de los nuevos descubrimientos y mueve con el cerebro las cosas para seguir jugando entrando en lo otro, para convertirse en una pieza del todo devorador. Sí, busca la felicidad sin saber en qué consiste esta. Quizás cuando despierte siendo una pieza pequeñita del gran invento se quedará fría y recordará cuando paseaba por el campo en busca de setas y flores hermosas y veía el rizo del riachuelo cantarín. Todos dan el avance como algo bueno… ¿Bueno para qué? –Y yo no hago más que aguantar la risa en este loco avanzar que no llega a ningún sitio, bueno sí nos lleva lejos de nosotros mismos, a convertirnos en piezas de algo que desconocemos y, cuando lleguemos a conocerlo se nos helará la sangre. Es la trampa: Todo lo nuevo es bueno, hay que estar al día en el gran negocio. Se está acelerando la esquizofrenia, el hombre pierde enteros en su vida y va derecho a convertirse en una pieza del gran puzle. ¿Quién maneja los hilos? ¿Sabemos de verdad donde nos lleva todo lo que está ocurriendo? – Quizá la nueva tecnología es una encerrona para eliminar al hombre, y la democracia un invento del demonio. Y considero al demonio quien es elemento que huye de la realidad desesperadamente. Dentro de poco estará el hombre numerado y con su tarea en el bolsillo, con unos pocos juegos para quitarse el estrés y con un camino inmenso delante que los llevará a la gran fábrica donde todo está cronometrado. Se acabó, la despersonalización.

Los uniformados con sus dispositivos de disparo y sus cárceles dan la pauta a esta civilización. Por fin la dictadura de los grupos. No la verdad sino lo que les interesa a unos elegidos, ellos, y los que están en mínimos que revienten. Y dicen que son demócratas. Demo de demonio. Pienso. Después, cuando estos que están creyendo en este invento intenten despertar serán azotados, maniatados y confinados en prisiones. Los que están hoy con el poder pueden ser pasto para mañana cuando el poder encuentre algo que los sustituya. Los hombres todavía le hacen gracia al poder y le hacen las cosas. Cuando encuentren otro esclavo en el espacio los tirarán a la basura como algo inservible. Lo que habría que cuestionar es el poder, y porqué se mantiene este poder omnipotente. Pues porque han construido una buena encerrona. Les han dicho al pobre humano que es un socio de la gran empresa y este se lo ha creído. Los del poder no han creído nunca en nadie sino es en ellos mismos. La democracia es la gran dictadura bien orquestada. Los que ganan la política los revientan de trabajar y después le dan opción para que roben y después, a los que no les interesan los meten en la cárcel. Las grandes empresas pueden reducir a la nada a cualquier empleado sin que la ley tenga nada que hacer. Es un poder piramidal. Ellos dan un sueldo y cualquier descerebrado corre con su pistolita a liquidar a cualquiera, sin más que un sueldo y estar al rescoldo del poder. Antes por lo menos se luchaba por ideales… aunque salió mal, pero… por un mísero sueldo que un hombre esté repartiendo Palos y tiros por la tierra… Es bajo… o peor hay que ser algo grosero e inhumano. Y todo para comer y algunos vicios. Estos saben que la delincuencia y la droga existen porque es una justificación para que el pueblo tenga miedo y así poder tener el pobre guardia de la porra. Si el poder quisiera en un pis pase quitaba de en medio ña delincuencia y la drogadicción. No lo hacen, repito, porque les interesa. Dentro del poder hay quienes no saben de qué va la cosa. A estos con un buen sueldo que pueda pagarse las delicatesen de la vida no ven nada y se dejan querer, son esclavos de los que verdaderamente detectan el poder. La democracia, esta supuesta libertad por votos, algo que estudiado para tomar el poder es la invasión de mentes que no son de aquí. Si observamos la historia lo han intentado siempre y nunca lo han conseguido, pero ahora, con el panfleto de que ustedes mandan, de que ustedes votan, lo están consiguiendo. Y, cuando los chupópteros de poder les dejen de ser útiles los convertirán en manteca para los aviones. Es lo que buscan. Recuerden al demonio, este no se casa ni con Dios. Dentro de poco los niños nacerán en probetas y las madres, la familia, irán al cubo de la basura. L que no les sirve a su plan lo eliminan sin más. De momento hay un poco de tiempo para reaccionar, que nos es fácil, nunca lo ha sido en estos ataques que ha padecido la tierra. Pero si no se reacciona vamos al abismo, nos quitarán del medio en un pis pase. Ya tienen casi todo el poder en las manos. Ahora han encontrado la forma, ofreciendo poder de humo al maltratado humano. El poder está en la sombra, tiene una técnica más desarrollada de la que han ofrecido, sus conocimientos nos son de esta tierra, estos no provienen del mono como decía Darwin. Si el hombre no baja la guardia y abre los ojos, pues la miseria en el planeta es terrible. Si todavía conserváramos algo de piedad se nos abrirían los ojos y veríamos lo siniestro del asunto. El hambre y la miseria y la enfermedad por todos... pero pensamos que somos elegidos y mientras vivamos así no pasa nada. Pero sabed que el día que le importemos al poder lo mismo que le importan hoy los desahuciados estaremos en esas miserables circunstancias. Para el poder solo somos piezas útiles...

Imagínese la tecnología que tiene el poder. ¿Cree usted que no saben dónde se hace la droga? – Lo saben todo, pero... ¿por qué lo permiten...?

Autor: Cristóbal Blas Egea

Título: Metafísica del pensamiento

Fecha de inicio: 25/6/2.015/

Para estudiar los fenómenos deben estar sometidos a ciertas reglas para que se pueda realizar la síntesis de reproducción. Krisnamurti: Deberían llamarse conversaciones más bien que discusiones. Una imagen se te presenta por lo que se conoce de ella. Yo diría que las imágenes tienen una puerta de entrada en la mente del receptor, y diríamos que esa primera estampa que recibe el acervo se queda grabada por la sensación que produce. Después, en sucesivas vistas la imagen se mezcla con las vivencias posteriores a la misma, guardando siempre la imagen primaria. La imagen acumula placer y dolor y además se puede añadir muchas cosas a la imagen que se mira. La ventana por donde se ve la imagen, cada vez que se abre, se producen los añadidos de nuestros recuerdos cargados de estados de ánimos.

Cuando el cambio de opiniones lo permite, la personalidad en función con el estado de las cosas, hace que esa permisión venga de la mayoría. Y lo nuevo siempre puesto. −A veces piensa el hombre: ¿Llevar frutos a Dios? −Nadie conoce a Dios y nadie conoce sus intenciones. Por lo que quienes se expresan así utilizan la especulación con algún motivo. Después del proceso de la historia del hombre utilizar estas prerrogativas es un error. Y no hay que olvidar que cuando se utiliza la ingenuidad la especulación viene de camino. Y no sabemos si una llama a la otra. Siempre, lo sabemos por la historia, alrededor de la divinidad se abre un campo d especulación humana.

Conocer no es inamovible. Por eso hay que evolucionar el conocimiento. Es por lo que deberíamos evolucionar la idea que tenemos de Dios. Según los doctos filósofos cristianos la inconstancia, la tristeza, la duda, no vienen de Dios. El amor provoca, además de placer, dolor y tristeza. Podemos ver que una quimera es una cabra a la que le ha salido una cabeza de león. Todos nuestros pensamientos son deducibles y aplicables, por lo que entendemos que la perfección en sí no existe, ya que de lo contrario nuestra existencia sería estática. Si la verdad fuese única y conocida nuestro mundo sería inamovible. La verdad tiene un principio, que si no se trasciende también tendría un fin. La verdad es relativa, todo lo demás es especulación o falta de conocimiento.

Jung y Freud dicen sobre el inconsciente que es una reunión de contenidos olvidados y reprimidos. El superyó es parte consciente y parte inconsciente. El inconsciente tiene un carácter mitológico.

El pensamiento personal sobre el pasado nos informa de que hemos vivido en la actuación de otros, y que al no haber tenido una idea clara del acontecimiento, esa vivencia se queda en nuestra conciencia como algo abstracto que va creciendo conforme lo hace el sujeto, formándole un complejo extraño que en un momento nada tiene que ver con el hecho primero. Los personajes que estuvieron en la escena van cambiándose, convirtiéndose a veces en seres quiméricos o mitológicos, según la cultura que vaya desarrollando el sujeto. A veces lo que produjo dolor en el que recibía el acontecimiento, según su trayectoria futura se puede ir convirtiendo en placer. Es por lo que decimos que las influencias nunca son definitivamente buenas o malas, sino que dependen de la evolución del sujeto. De esto se deduce que el inicio no es nada sino un mero espacio donde se va a ir adjuntando vivencias que generalmente nada tiene que ver con lo ocurrido al inicio entre el inocente y el otro, el que realiza la acción sobre él. Creo que los contactos en la mente del que no tiene personalidad propia y está formándola, son como espacios que se abren donde se puede meter todo lo imaginable. Decimos que la interpretación lo es todo, porque el contenido es siempre muy limitado, ya que el que realiza la acción, a veces, no sabe el material que está usando, ni si el otro va a captar el mensaje.

Salir del amanecer es detener el proceso que se vierte sobre el pensamiento que se va formando en contraste con lo que tenemos almacenado. Parar la entrada arbitraria de la información incontrolada que viene hasta lo objetivo y ordenar la información o los trozos de vivencias convertidos en palabras relacionadas con los hechos y vivencias anteriores. Parar el flujo e investigar el motivo por el cual, el recuerdo llega de esa forma a los sentidos. Porque esos trozos d información nos lleva a sentir placer o dolor, o sea que producir un evento en nuestro organismo dejando a la mente clara en confusión porque no sabe explicar lo que se produce.

Si dejamos que este evento abstracto siga su rumbo arbitrario en la mente va poco a poco apoderándose del organismo, y la persona que sufra esta crisis puede perder el sentido de la realidad. Convirtiéndose en un esclavo de las sensaciones que no conoce de donde proceden, perdiendo en consecuencia toda racionalidad de donde vive. Entonces se produce la subjetividad cada vez más profunda.

Descartes dice que puso en duda a todos los pensamientos que le llagaban, aceptando solo a los que verdaderamente consideraba racionales. Desde el punto de vista filosófico es una postura además de interesante especulativa para encontrar una asertividad deseada. Pero, Descartes nombra también que la realidad social hay que aceptarla ara la convivencia con los demás y con la cultura de los países.

Mi proposición es conocer por qué estos pensamientos incontrolados llegan a la mente y las reacciones que provocan. Conocemos que ciertos estados automáticos mentales sirven para meter al que los tiene en un estado de ánimo. Es como si se hubiera tomado una droga. Por lo tanto, el inconsciente que desconoce las normas de la vida en común se va adaptando a una felicidad fícticia, porque al desconocer las normas sociales sol acepta aquellos pensamientos que les proporcionan opiáceos para sentirse bien. Lo indeseable de este estado es que nuestro organismo, al no poder razonar se acomoda al placebo de lo que acontece de una manera inconsciente, y el inconsciente se desarrolla de una manera incontrolada para saciar sus necesidades, sin saber por supuesto los perjuicios que pueden ocasionar a su persona, llegando inclusive a inhabilitarle para una existencia racional como la nuestra. Entra primero en la extravagancia y después en la excentricidad y la locura, estado no apto para la vida en sociedad. Entonces estos elementos, que se producen por la ingesta de alucinógenos o por traumas, como son insaciables por su falta de racionalidad, llevan al individuo a un estado enfermizo y decadente, sobre todo sin conciencia de sí mismo y de los demás.

Es por lo que es especialmente importante tener en cuenta y poner en cuarentena a los pensamientos que nos llegan fortuitamente, para así parar el flujo que a la larga se produce hasta que el sujeto pierde su autonomía. Ocurre lo mismo al tomar un medicamento que produce en el sujeto bienestar físico y mental, pero después tiene unos efectos secundarios que lo va minando hasta destruirlo. Es por lo que el estado de alerta en el organismo es positivo, y la ayuda que le pueda dar un profesional es importante, un psicólogo o un psiquiatra, entre otros, como los espiritualistas o religiosos. El avatar más peligroso es cuando el pensamiento se convierte por sí mismo y toma las riendas y se siente un héroe capaz de todo. De ese estado provienen todas las catástrofes del ser humano.

Cuando existe un cuerpo de estado, una doctrina aceptada, y es necesario aceptarla porque en ella está la supervivencia del grupo de los sujetos que pertenecen a su estado hegemónico es imprescindible aceptar las reglas, y aceptar los cambios que se produzcan desde el grupo de poder que mantiene las reglas, porque de lo contrario peligraría el compuesto total. Pero, aun así no se debería perder la personalidad ni la búsqueda personal, eso sí, teniendo en cuenta la doctrina general como sujeto de convivencia y supervivencia. No es fácil nombrar el punto donde empieza la libertad general y la libertad individual, pero ambos elementos son necesarios para la evolución de ambas, porque entre ellas se nutren para sus desarrollos. En la convivencia general cuando no se cumplen las normas existen sanciones para llamar la atención del ciudadano, pero en lo personal el individuo es libre para pensar y hacer lo que le parezca oportuno, eso sí, guardando las distancias con lo general para que no intervenga el orden establecido. Un individuo puede contraer matrimonio, estudiar una carrera si así lo decide, o ser artista u otro que le plazca o decida. Es aquí donde penetramos en decir qué es lo que le interesa al individuo, porque quedarse en lo general, cumpliendo con las barreras impuestas parece como si el individuo por sí mismo dejara de ser. Esta lucha por ser algo distinto de los demás lleva al sujeto a infinidad de luchas interiores, porque tiene que entender lo que desea y por qué lo desea. Tiene así que entender por qué piensa así y qué grado de influencia proporcionaron sus padres cuando el sujeto era un niño inocente. Entonces la mayoría se cuestiona sus ropias decisiones ante problemas mentales que aparecen y tratan de buscar las raíces de por qué han actuado así o de otra manera. Algunos se dan cuenta de las influencias externas y se proponen crear una personalidad propia sobre la personalidad imbuida cuando estuvo formándose.

Si al hombre lo ponen a desarrollarse en una u otra cultura lo que proyecta en el futuro siempre está influenciado por las vivencias que tuvo en su formación, por la calidad de su familia y por las costumbres del país que le vio nacer. Es porque la lucha del adulto siempre estará cuestionada por el individuo en cuestión. Porqué decido esto y no aquello, porqué tengo estas creencias religiosas y no otras. Por eso el ser humano es un pozo de contradicciones a lo largo de su vida, porque se siente manipulado por todos los podres en los que se ha formado. Entonces se pregunta porque es como es y por qué no puede pensar otra cosa, y porqué le vienen tantas decisiones a tomar desde el pensamiento como buenas o malas sin dejarlo opción a que intervenga él en realidad, porque entre otras cosas no sabe quién es. Sabe que ha sido fruto de influencias y manipulaciones, y que algunas de ellas han sido para su propio bien y otras para su propio mal, porque detrás de cada persona mayor que influencia a un niño que se está formando viven tentaciones y dirigen, unas veces sin saber y otras sabiéndolo, trampas que resultan ser lacras para toda la vida de quien las toma sin conciencia de juicio. Si vemos en el mercado de influencias y riquezas, la mayoría de lo que ofrecen los comerciantes son aparentemente gangas, pero después se convierten en verdaderos timos. Y además, en algunas democracias se juntan muchos en el voto y ponen leyes que solo benefician a unos pocos poderosos y los demás han sido timados utilizando el propio orden. Se da en las familias muchas veces consejos que a la larga solo han servido para manipular a algún heredero o para quitar de en medio a alguien que estorba para los planes de otro. Cuando se festeja a un sujeto no todavía formado, por ejemplo, cuando toma alcohol, y se le aplaude, el niño cuando crece se convierte en un alcohólico porque busca el aplauso que tanto bien le hizo en el ego. Y cuando no recibe sino reproches por su vivió se convierte además de alcohólico en un depresivo. Esto se hace muchas veces por envidia o por acumular poder frente al otro ante el cual nos sentimos interiorizados. Es por eso por lo que cuando el sujeto lleva a tener sentido común debe cuestionarse muchas de las cosas que hasta ese momento le han proporcionado placer y éxito, porque pudiera estar infectado de trampas a largo plazo que tiene impuesta en su personalidad sin que él se haya dado cuenta. Por eso la cuestión debería ser constante y estudiar las fuentes desde donde recibimos la información, y conocer porqué nuestros pensamientos nos dice una cosa y no otra. Muchos de los pensamientos buscan el hedonismo personal sin importarle las consecuencias, y diríamos mejor, no sin importarle, sino que desconocen el daño que van a producir, porque el único que puede saber algo es el que cuestiona y se responde observando todos los pros y los contras de la utilización de una u otra postura.

Hegel; sus teorías sirven para aceptar todas las tiranías. Los estados se hallan entre sí en estado de naturaleza. Espinosa; El individuo no desaparece, sino adquiere una realidad más plena por medio de la armoniosa relación con un organismo

La permanencia del individuo con la relación que lo que lo ha formado, o sea el todo de donde proviene. Lo hace inmortal si el todo contiene todo lo posible; pero si el todo es eterno y lo eterno solo se mueve en una dirección no regresaría nunca a lo que se disolvió en su naturaleza total. Si contemplamos la evolución en la creación de dónde venimos tendremos que creer en nuestra evolución individual también. Esto quiere decir que un pasado está implícito totalmente en un futuro, porque uno depende del otro y además se contienen totalmente el uno en el otro. Podemos cuestionarnos si la totalidad es solamente esto o hay algo más que nuestra mente no puede pensar. Entonces diríamos que estamos en un periodo de evolución y que lo demás será nuestro o perteneceremos a él, o solo esto de nuestra vida es una etapa cerrada en sí misma. Pero cuando vemos y constatamos la grandeza de la creación tenemos la certeza que algo de lo que vemos y constatamos tiene que ver con nosotros. Y al ver que la materia se duplica en su movimiento de evolución en diferentes gradaciones sabemos, sin duda de que el espíritu de la vida está en el hombre y en la materia. Y que en estos momentos de nuestra cultura, cualquier trozo de materia contiene de por sí, más conocimiento que todo lo descubierto por el hombre. Quiere esto decir que la vida no se manifiesta de la forma en que se realiza en el ser humano, sino que es amplia y se manifiesta en otras formas, formas que desconocemos porque medimos todo con el tope del conocimiento que tenemos. Quiere esto decir que respetando nuestra organización mental y material deberíamos estar abiertos a nuevos conocimiento evitando todas la trabas ancestrales producidas por el odio y la envida. Podríamos entrar en una época de desarrollo magnífica. Si nos aferramos a luchar entre los humanos el peligro puede darse en una destrucción de nuestra existencia. El miedo a la apertura consiste en la penuria que el pasado nos ha grabado en la mente. Pero si no saltamos por encima de la estupidez de algunos, sobre todo los jóvenes, que se escancian en la risa vana, será muy difícil generar vida de calidad. Cuando observamos que no hay control de existencia ni de supervivencia y que solo le damos primacía a tener y a guardar para cuando vengan las vacas flacas, ese miedo nos puede destruir. Sería conveniente un aperturismo, pero no rijoso, hacia la juventud: Un tratamiento de enseñanza más asertivo, y una mayor calidad de vida. Porque crear una sociedad que se odie y se envidie es una bomba que puede hacer pedazos el planeta, porque nadie puede prever de donde puede salir una energía destructiva, de las clases bajas o de las clases altas. Una vez que la sociedad total se haya enfrentado con la realidad, el futuro se podría ir modelando para crear una vida vivible, porque hoy en día, con la especulación que se realiza en el planeta, el hombre vive en un infierno. La cuestión de la existencia podría estar ya resuelto, porque solo es la conservación de la memoria y de los sentimientos que están en los cuerpos, y estos, se van al inconsciente colectivo de una forma oscura, porque el consciente individual está lleno de traumas que no ha podido superar por el ego inmaduro que nos gobierna hoy en día. Ese ego es modificable en el individuo, cuando se generalice la idea de que todos tenemos la misma forma y la misma meta. El enfrentamiento lo podemos ver en la mitología, que nos habla de seres superiores e inferiores y, de ahí, siempre surge el problema, porque debería de hablar de seres iguales en su base con diferencias que sumadas serían el beneficio para la totalidad. Esto es simple cuando se entiende, pero, como no nos fiamos los unos de los otros, es por lo que andamos a ciegas luchando con los fantasmas rijosos que nos han vendido, esos mismos que gozan incordiando al hombre, esos que gastan su energía viendo como el otro sufre y se despedaza. El inicio se debe dar ya. Primero adecentar la vida, después luchar en conjunto por algo mejor. Esto ya lo han dicho los intelectuales en el tiempo, y no tiene otra forma de hacerse, no hay otra posibilidad, porque lo creado es igualmente importante para el todo, porque el todo no puede dejar a nada ni a nadie fuera de sí mismo.

El pensamiento del homo sapiens se produce en él desde su formación, se fue creando conforme se formaba su cuerpo. Todo lo que el sujeto tiene en su conciencia ha sido un resultado de acontecimientos que han sido filtrados por la capacidad de deducción del mismo. La formación del sujeto, el medio ambiente donde se ha desarrollado, influye directamente en las deducciones y en las actitudes y en las determinaciones.

Podemos decir que la idea que trasciende al pensamiento deductivo se va acumulando en el sujeto y va formando un cuerpo de conocimiento que lo trasciende, por el mero hecho de no haber podido dar una explicación con lo conocido cuando apareció la cuestión. Es presumiblemente el motivo de que el ser pensante acuda a un Dios todo poderoso para ayudarse a comprender el mundo y su existencia.

Al paso del tiempo y la experiencia los pueblos van cambiando la idea que tuvieron, al principio, de sus dioses. Observamos que los dioses ofrecen el mismo objetivo en todas las culturas. Y en todas las culturas se produce la evolución de sus dioses conforme obtienen nuevos conocimientos. Esto nos informa que la idea de Dios en el hombre fue una idea necesaria para vivir, pero no quiere decir que sea verdadera la existencia de un Dios creador y que todo lo conoce. Se puede pensar, mirando al mismo ser humano que él mismo es el que posee esos valores y que los está desarrollando a través de su esfuerzo. Por eso, la idea, el pensamiento de la creación, podemos decir que viene de ella misma, y como no ha culminado su trayectoria es por lo que adopta a un Dios para no entrar en el horror del vacío, porque todavía no ha descubierto que la materia, la energía posee todos los dones que se atribuyen a Dios, el Dios inventado, el Dios posible si es que la energía lo edifica alguna vez, pero, como la idea de Dios es cambiante dependiendo del conocimiento y el desarrollo de la energía, no sabremos cómo será ese Dios tan adorado y esperado, ya que al paso del tiempo y en el desarrollo del conocimiento la idea de los dioses, va cambiando con la misma evolución. Es por lo que decimos, que al ser nosotros mismos energía de la que está compuesto el planeta, en nuestro desarrollo seremos Dios, pero no sabemos ni cómo seremos entonces, ni como llegaremos a ser, si es que llegamos a ello; porque la creación de un Dios omnipotente, puede que no sea necesaria, ya que el conocimiento y la evolución de la energía, no necesitaría ni la idea de Dios ni su presencia. Esto es una suposición, una tesis, que pretende decir que en el universo la creación no es estática, sino evolutiva.

La mente tiene sus siglas, iluminaciones, estrés, templanza, placer... Y a través de los pueblos primitivos ha construido códigos estables para comunicarse. La comunicación ha tenido que ser especulativa, ya que la mente lo es.

Al paso del tiempo las culturas en su riqueza no se han deteriorado, al revés, han permanecido puras y además se han revitalizado y actualizado a través de sus componentes puros, los guardianes de su secreto. Y es que los símbolos, al igual que ruidos y las miradas son un medio de comunicación. Porque la civilización sin especulación no sería nada. Porque la civilización se mantiene por el conocimiento anterior, porque si estuviese en otro sistema, fuera de lo que es el ser humano, no nos interesaría, y además nuestras percepciones no lo captarían.

Cuando los habitantes de la tierra miran al universo dicen que está vacío, inhabitado. Esto no quiere decir más que hasta donde llegan nuestras percepciones no podemos detectar lo que posiblemente hay en ese universo distinto del nuestro.

Nosotros, los seres que poblamos la tierra, creemos que lo percibido es la realidad total, y queremos meterlo todo en el mismo saco de nuestra percepción. Y creemos que con estudios y trabajo lo entenderemos todo y lo dominaremos todo. Y eso es una estulticia, una cerrazón. Es incómodo pensar que no somos el centro del universo, por lo menos en este estado de evolución en el que nos encontramos. Eso sería interesante aceptarlo, pero el sujeto solo se dedica a enseñar que es muy importante y muy bello ante los demás, que ellos sí conocen el secreto de la vida, y su meta es, solo sobrevivir por encima de la miseria animal que arrastra desde el principio de la vida orgánica.

Cuando la naturaleza muestra que los cuerpos se destruyen, el homo sapiens inventa una serie de apartamentos para crear la inmortalidad, donde seremos felices. Pero no dicen nada de la transformación necesaria de la materia. En la materia se realizan funciones químicas antes de que se hubiera formado animal alguno. Y con el avatar que se produce en la vida, al fenecer el sujeto, toda esa transformación ha sido recogida por la base de donde salió la vida orgánica. Es necesario saber que ese es el motivo de nuestras vidas, un descubrir el conocimiento para la base madre. ¿Entonces qué es la muerte?: Pues es un trabajo realizado que se va sumando con otros trabajos donde se va produciendo la evolución. ¿Para qué se produce esto? Porque así es la vida y su evolución. Es por lo que la individualidad se inició de la totalidad y regresa a la totalidad una vez ha realizado su ciclo. Solo permanece el conocimiento porque la materia es un soporte similar sin emociones y sin pensamiento, y como soporte se convierte en vehículo de la evolución del pensamiento. Es como cuando con un útil se realiza una función, el útil ha sido solo un vehículo para lo que se propone el manipulador.

Cuando intentamos definir de una forma única una obra de arte estamos cometiendo un error. Una obra de arte no es una fórmula matemática que se presenta a todos con unas definiciones exactas en la matemática. Quiere decir que cuando hemos encontrado el camino se justifican los medios por su propio desarrollo. Pero tendremos que saber que las matemáticas es ciencia aceptada y demostrada y que los cambios son desarrollo de su valor dentro de las formas formales de su composición. La obra de arte en cambio es una exposición que realiza el artista y que expone a los demás para que ellos hagan una valoración individual de la misma. Los individuos que miran y estudian una obra de arte siempre ponen sobre la mesa su capacidad de conocimiento y las aptitudes de sus sentimientos personales. Es por lo que decimos que una obra de arte es como un foco de situaciones infinitas porque los que la están mirando, cada uno, pone en valor su ser, su personalidad, y de esa perspectiva, cada individuo, al ser distinto del otro tiene una sensación ante la misma y una interpretación que, aunque pueda parecerse en algunos, nunca es la misma. ¿Quiere esto decir que la obra de arte es un espejo donde se miran los espectadores? –No, la obra de arte es una realidad del artista que es, cuanto a suya, pero que puede ser interpretada al infinitum por infinitum espectadores.

San Agustín anticipó un argumento estrechamente parecido al cogito (Cogito ergo sum) pero no le dio la importancia que le dio Descartes. B.R. Al son de la rústica avena. Títiro estaba ausente de aquí. Hasta estos mismos pinos; ¡oh Títiro!, hasta estas mismas florestas te llamaban. La belleza del canto de Orfeo anuló el embrujo de las voces de las sirenas, y salvó a los argonautas. Néctar y ambrosía. Virgilio, las églogas. Aquí respirarás el frescor de la noche entre los conocidos ríos y las sagradas fuentes.

Chaman: El futuro chamán se singulariza desde su adolescencia. El medio cósmico sobre la labilidad nerviosa de los habitantes. Chamanismo, similar al animismo; capacidad de diagnosticar o curar o causar el sufrimiento humano. Conectando con los espíritus. Ha existido desde épocas prehistóricas. Premisa de que el mundo visible está impregnado por fuerzas, espíritus invisibles que coexisten simultáneamente con la nuestra. Chamán, uno que sabe. Utiliza códigos que su público ya conoce. Gramática de la mente.

El proceso y la personalidad formante y formadora. El estilo es el modo de formar. La huella de la persona en su obra. U. E. El creador viene a ser uno con su obra. Entender la obra es entender al creador. L a doctrina Perey. Valores socio-ambientales de la obra.

La causalidad de Hume. Solo podemos determinar de una cosa sus efectos, sus consecuencias a través de las experiencias. También exponiendo sus teorías se pueden determinar consecuencias. Eso es la prolongación teórica del conocimiento. El conocimiento necesita de la experiencia, pero sin esta también se puede conocer. Se puede saber la atmósfera de un planeta sin haber estado en él, solo contraponiendo y desarrollando conceptos y leyes conocidas. Nada es absoluto, todo depende de todo de alguna manera. En la atmósfera el olor siempre es dependiente. Y cuando el perfume se extiende en el ambiente se va fundiendo con el mismo.

Es una verdad que todo depende de todo, pero ¿En qué manera todo depende de todo? Puede ser de una manera automática o conceptiva etc., dependiendo del conocimiento deductivo y de lo que se vaya buscando. La información abre caminos para conseguir aleaciones. Es importante conocer qué y cómo se quiere conseguir lo que se busca. Los resultados de esta búsqueda pueden ser varios. Uno es el que se aproxima más a nuestra verdad, pero hay también, como resultado de la búsqueda, unas soluciones que se han conseguido con el tanteo, que pueden ser muy válidas para conseguir otras metas, aleándolas convenientemente en otras búsquedas. Lo que se admite es lo que mejor se adapta a lo que queremos, no quiere decir esto que sea la verdad de la verdad. Porque la verdad es anterior a la búsqueda, y la búsqueda es posterior a la verdad escondida. Es por eso que la búsqueda es un ajuste, una reconstrucción, que no llegará nunca a ser la verdad anterior o escondida, sino que la búsqueda se remite a encontrar nuevas verdades con nuevos complementos, dándole otra perspectiva, ya que la verdad única del principio se destruyó para eso precisamente, encontrar la relatividad de la verdad única. Quienes buscan la verdad absoluta en la satisfacción de un premio sobrenatural está buscando la inmovilidad estática del cosmos, y eso por lo tanto es imposible porque el estatismo de la verdad absoluta se rompió con el Bing Bang.

Pensar es organizar. Lindner en el hombre sin atributos volumen IV mira la belleza de Agathe y siente piedad. Piedad por las criaturas y trágico placer de verlas sufrir. Ceder o no ceder a las imaginaciones del miedo. Cada criatura tiene un sentido de la existencia. Nada es igual exactamente igual. De ahí la importancia del movimiento de la masa con armonía humanidad y comprensión. Es bello cuando la gran masa del hombre se mueve para formar un acto masivo de vida. Ahora no es necesario llegar al relato de Las Memorias de Adriano de, Marguerite Yourcenar, donde un hombre con hidropesía en el corazón se enfrente desde su soledad a todo el mundo para hacer valer su poder. Sería necesario que Adriano se convirtiera en una pieza efectiva del contexto de la realidad para que funcione todo para todos. Es la forma madre de la existencia. La personalidad es válida tanto en cuanto sirva para la generalidad, porque la personalidad salió de la generalidad, se hizo de ella, por lo tanto todos somos responsables y coautores de los descubrimientos, por ejemplo, del científico Einstein. Entonces el enfrentamiento envidioso que se produce creando impases de convivencia sería menor y se le daría oxígeno a la convivencia. Así vemos la trágica vida de Sören Kiergaard, en su Tratado de Desesperación, y en su vida privada, cómo lucha contra el tentáculo de la sociedad de la iglesia Luterana para reclamar el derecho a vivir a su manera, libremente, sin esas ataduras de hierro forjado alrededor de su personalidad individual. Y es que las asociaciones o grupos no deben ahogar con su poder la razón y la convivencia entre los seres humanos, sin perder el norte de la libertad viva y móvil, que es símbolo de esperanza. Porque someter al hombre al poder de los grupos más votados, ha sido siempre algo que nunca ha funcionado. Porque la vida, la libertad y la felicidad es algo vivo, móvil, no estático, que todos los días se pone en marcha con fe, es la flor de la vida. El hombre sin eso no desearía seguir viviendo. Es por lo que al individuo se le debe respetar su búsqueda individual y su felicidad, tanto que el individuo respete a la sociedad en la que vive. Los extremismos es comida para desesperados, y estos desesperados se han producido por ataques a su intimidad. Esto se ha dado a través del tiempo, y se sigue dando porque el ser humano todavía se está conformando con lo repetitivo y cansino del pasado. Llegar a lo nuevo, a lo que nos haría felices y contentos es adentrarse en las nuevas técnicas sin odios ni rencores y con un programa de respeto hacia la vida del prójimo.

El individuo adquiere una resistencia contra la elección divina. Si observamos el pensamiento en general de la gente podremos constatar que los individuos tienen una manera de pensar muy similar. Los perjuicios y los tabúes vienen dados en todos con diferentes afinidades que en lo profundo se parecen todos más de lo que creemos. La elección divina de un individuo espanta al mismo. Primero por la gran responsabilidad y segundo que sabe perfectamente que todo se puede convertir en una burla o en algo demoníaco.

Nunca trataba a nadie como un inferior, un camarero le interesaba tanto como un escritor. Si observamos al sujeto con interés y respeto veremos que el karma de un individuo, aunque de cultura diferente, es igual en intensidad que otro cualquiera, aunque en la sociedad en la que vive uno tendrá más respeto y admiración que el otro. Pero si somos curiosos veremos que los dos tienen cosas interesantes de conocimiento. Porque en la cultura se valoren unas cosas más que otras en los valores intrínsecos son inamovibles. Y para el desarrollo de la civilización hay cosas que pasan desapercibidas que son más prescindibles que otras, y todo por la valoración y la moda del momento. Para conocer bien a una cultura lo primero que tenemos que aprender qué es lo que le produce risa y qué es lo que es lo que le produce el llanto. Sabremos casi de inmediato la parte más importante de esa cultura. Pensamos que la cultura solo se desarrolla pero no cambia en su fuero interno. Porque el cambio de lo esencial sería como una ruptura en la línea de la vida de dicha cultura. La Conjura de los Necios. Todos los necios se conjuran contra el genio. ¿Por qué?, nos podríamos preguntar. Y la respuesta es siempre la misma, porque si no tiran de su supuesto pedestal al genio los demás los considerarán necios a ellos. Esto es una costumbre de los tiempos más remotos en la historia del hombre. Es una conjura que no se sabe cómo empezó y donde sobrevive en el acervo humano, pero está ahí. En los tiempos que corren ya se va despejando este desvío iniciado por el miedo y la envidia y ya, los que tenemos conocimiento, nos damos cuenta que el elemento demoledor de un genio es un especie de miedoso y envidioso además de otras lindezas que emponzoñan a la sociedad en donde viven y se desarrollan. Pero lo importante es dejarlos hacer, y pensar que si hemos descubierto a un elemento de estas características ha sido gracias a la colaboración del genio. Y por tanto, una vez calado el individuo pernicioso, no comentarle nada directamente pero sí ponerlo en el lugar que le corresponde y no fiarse de él, es como mejor se curan estos casos, cuando el individuo en cuestión se siente marginado se pregunta por qué y con el tiempo se da cuenta de que lo han calado y prescinden de él, aceptando al genio que intentaba derribar para su mayor beneficio. Así que al ver que el tiro le salió por la culata y que no le han comentado nada, silenciosamente empieza a cambiar hasta que recupera espacios de beneficio en la sociedad, y por tanto, el genio puede también vivir tranquilo porque se ha quitado un moscardón de encima. Al haber el ser humano a estas alturas superado la guerras mundiales para cambiar algo el desarrollo de la evolución, con el método actual no se demoniza al culpable ni se envidia al genio, sino con una actitud asertiva y psicológica, resuelve el problema de la convivencia en la vida de los humanos. Y esto es tan importante que se gana en calidad de vida y en desarrollo de bienestar y convivencia. Hemos pasado por épocas en las que se ha dicho no porque no a genios que han aportado grandes inventos para mejorar la calidad de la vida en general. Y como eso lo hemos sufrido todos en nuestras carnes, es por lo que los nuevos métodos psicológicos desbancan sin guerra a elementos negativos para la comunidad y al mismo tiempo los integra sin proporcionarles castigo alguno. Esto es una solución diferida que da resultados óptimo porque no se humilla al culpable, sino que él mismo al darse cuenta de que lo han calado se auto-recicla y podrá recuperar vivir en sociedad con prestigio, eso sí, si no vuelve a las andadas. Hay que tener en cuenta que la crítica soez ha dejado su puesto a otra crítica que no es destructiva, sino todo lo contrario, constructiva. Paul Auster, Leviatán: Sus ojos eran pacientes, y demasiado expertos en sugerir indiferencia, pese a que estaban alerta, implacablemente alerta en realidad, como para hacerte consciente d tus fallos y transgresiones. Es la visión del ángel que se aparece pleno de luz, luz brillante pero no deslumbradora, con sus ojos profundos y azul ultramar, que lo llenan todo, y la santa se queda transida, embriaga por esos ojos que nunca antes había visto. Ojos que la transportan a un estado donde el tiempo se para en un deseo de no molestar lo insólito. Mi mujer y yo compartimos casi todo. Y ella lo miró con asombro, creía que no había secretos entre ellos. Tuvo él que explicarle que ciertas cosas solo se pueden comentar con uno mismo. Un hombre con mil engranajes girando en su cabeza que por lo menos tiene la inteligencia de reconocer que hay otras opiniones posibles para explicar el arte. Samuel Becket: El innombrable. Al estar en ese espacio y sentirse sin cuerpo, al no poder moverse, al no poder pensar como una persona que vive y habita en el planeta siente una curiosidad por saber si sus propias palabras lo pueden transportar a otra dimensión menos asfixiante. Y al permanecer ahí lastrado por una realidad surgida quizás del mundo de los inorgánicos, la agonía por vivir o revivir un pasado remoto le hace sentirse vacío con un vértigo sin fondo. Por muy profundo que se sumerja, o por muy alto que vuele no encuentra su cuerpo. Los personajes que le vienen a la memoria son como momias secas, las teorías cuando las ha entendido se caen de su vacío estar, no les sirven. Y entonces añora su cuerpo. Sin el cuerpo no es nada. Lo sabe todo pero no es nada, solo teoría, no sentimiento. Porque el sentimiento cae en un vacío que no lo contiene, se va a la sima sin fondo. ¿La esperanza? Qué será la esperanza en este vacío sino una ida más que se diluye en el todo. La Conjura de los Necios: Cuando en el mundo aparece un verdadero genio todos los necios se conjuran contra él. John Kennedy Toole. Los almendrados. Ignatius con sus pantalones de Tweed, vendiendo su historia a golpe de carnero, golpe tras golpe, con su concepto de la ironía, existencialista por miedo a caer en el abismo del rechazo, donde el otro está sentado en su trono con todas las leyes a su favor, leyes que el juez implacable las ha compuesto para su soberbia existencia de macho cabrío. Y deja a todos fuera de raya cuando pasan por su terreno tomado: El planeta tierra. Entre un grupo provocándose la risa, buscando la risa en los demás, bajo la severa mirada del juez unicornio que los espera con sus libros escritos para castigarlos. Planeta de ignatius, un liberal que nunca se ha reído, que solo ha luchado con los secos proletarios para sacar un sueldo como profesor. Inhabilitado por orden del cancerbero de la ley y por la brutalidad de los hechos. Su historia repartida por Nueva Orleans, huyendo de su madre nutricia y asesinándose con los almendrados. No tiene más remedio que huir hacia adelante para dejar detrás la jauría que lo persigue solamente por ser un genio, algo imperdonable por los jueces de esqueleto de plástico y la barbarie de la plebe.

Virginia. Maryland. Washington. New York. Lenguaje de los gestos: Mirada para causar buena impresión, mirada a los ojos. Gestos de un mentiroso: Difícilmente te mira a los ojos. Esquiva la mirada. Se echa para adelante y para detrás. Mirada para seducir: Mirada triangular, ojo izquierdo, ojo derecho y la boca y… vuelta a empezar. Gestos defensivos: se echa para adelante y para detrás, se rasca un poco la nariz. Pero a un elemento de este planeta tierra no basta con conocer estas reglas de educación porque la apetencia de cada particular se transforma para degustar a su presa cada día, cada minuto. Microscópicos picores. Rascarse. Si se rasca las piernas… si se rasca la cabeza, tiene ganas de marcharse o está pensando. Y si quieres usar buena impresión se debe acordar de su nombre, así deja a su vanidad satisfecha, y si le miras a la cara y le das la mano le tienes que decir ¡hola! mirándole a los ojos. Así parece que todos los diablos se le van volando y, si eres sencillo y natural, le das una sensación de seguridad que atrapa como un escualo que engulle como lo haría un obeso al medio día… El hombre elefante tiene un apartado distinto para dar a entender su educación. Quiero decir que los métodos se atrapan en su propia trampa. Es difícil saber de verdad lo que está pen pensando la otra persona, pero sería útil estudiar sus necesidades, tanto físicas como mentales. Time Square. Sobre el cemento bota el balón. Un grupo juega a balón cesto. En otros espacios, delante del tablero de ajedrez, el tiempo se ralentiza. Los días pasan ligeros con números en alza y bajas de valores en bolsa. Era agosto y Sabs estaba atrapado en la posibilidad de salvar el mundo desde un cuaderno de bitácora. Vivimos, miramos todo a través de conceptos. Si observamos porqué Sansón humedeció su tolerancia encontraremos a Dalila casi sin rencor, solo con un cambio de aires que la hacían nueva… libre. Lo real no surge de algo anterior, si no de sí mismo. Y abordamos el acto de la unidad suprema. El pensamiento busca quien es el rey, el más grande de todos. Esto es y ha sido a través de la historia un defecto del ego que todavía palpita en la era tecnológica espacial. Algo que está costando trabajo extra hacerlo desaparecer. Todavía el ser pensante busca ser el único, el individual, el extraordinario... el complejo de dios o de mesías. Se adaptan, y solo para conseguir el poder absoluto que antes de aceptarlo lo han de rechazar ellos mismos. Pleno cuando descubren que el ser más vil es el que mueve los hilos, por venganza...? – El hambre es el hecho, y la idea del hecho es el concepto. La idea de ella era actuar de forma indirecta, provocar una crisis de la cual no tuviese que responsabilizarse. Gracia sensual y decorosa. Después de explotar en el aire los hechos van cayendo sobre la vida, repartiendo su riqueza organizadamente. Dieta cromática. El pensamiento tiene encadenado al ser pensante. Tiene que vivir dentro de unas reglas, ese es el juego ineludible. Las interpretaciones las hacen con unas leyes, reglas interpretadas, realizadas por los grupos de poder. Todo se convierte en furtivo y luego, cuando se descubre comienzan las sanciones. A algunos los premian y a otros los castigan o asesinan. Los regalos de cumpleaños aún envueltos pulcramente y ordenados cronológicamente, guardados en los estantes. La boda de Popea de Monteverdi. Sin motivos conscientes empezó a seguir a desconocidos por las calles eligiendo a alguien al azar. Métodos para adquirir nuevos pensamientos. Lo real no surge de algo anterior, sino de ti mismo. Pasar desapercibido, una técnica para encontrar lo invisible. Hay quien traduce su incomodidad en bromas alegres y pueriles. Leviatán de P.A. Leviatán en el mar y vencido por dios, grabado de G. Doré.